Manipulación y Psicología Oscura

Cómo analizar a las personas y detectar el engaño con técnicas de persuasión, PNL y control mental

Escrito por:

Enrique De Los Santos

© **Copyright 2020 - Todos los derechos reservados.**
El material contenido en este libro no puede reproducirse, duplicarse o transmitirse sin el permiso directo por escrito del autor o la editorial.

Bajo ninguna circunstancia se responsabilizará legalmente al autor ni la editorial por ningún tipo daño, reparación o pérdida monetaria debido a la información contenida en este libro, ya sea directa o indirectamente.

Aviso legal:
Este libro está protegido por derechos de autor. Solo es permitido para su uso personal. No se puede modificar, distribuir, vender, usar, citar o parafrasear ninguna parte del contenido de este libro sin el consentimiento del autor o la editorial.

Aviso de exención de responsabilidad:
Tenga en cuenta que la información contenida en este documento es solo para fines educativos y de entretenimiento. Se han realizado todos los esfuerzos para presentar información completa, precisa, actualizada y confiable. No se declaran ni implican garantías de ningún tipo. Los lectores reconocen que el autor no participa en la prestación de asesoramiento legal, financiero, médico o profesional. El contenido de este libro se ha derivado de varias fuentes. Consulte a un profesional con licencia antes de intentar cualquier técnica descrita en este libro. Al leer este documento, el lector acepta que bajo ninguna circunstancia el autor es responsable de las pérdidas, directas o indirectas, que se incurran como resultado del uso de la información contenida en este documento, incluidos, entre otros, errores, omisiones o inexactitudes.

Tabla de contenido

Introducción 7
Capítulo 1: Fundamentos de la psicología................. 13
  ¿Qué es la psicología? 13
  Historia y origen de la psicología 16
  La psicología y la sociedad 21
  ¿Por qué la psicología se enfoca en el pensamiento?............. 24
  Campos de estudio.. 29
Capítulo 2: El lado oscuro de la personalidad............32
  Sombra personal...33
  La psicología oscura 34
  Tétrada oscura de la personalidad 35
    Narcisismo.. 36
    Psicopatía 40
    Maquiavelismo 43
    Sadismo 48
Capítulo 3: La programación neurolingüística (PNL) 52
  Sistemas de representación 56
  Sistema de representación visual..59
  Sistema de representación auditiva 62
  Sistema de representación Kinestésico 64
  Técnicas de programación neurolingüística 66
  Beneficios de utilizar la programación neurolingüística 70
Capítulo 4: Analizando a otras personas 74
  Comunicación verbal 75

Comunicación no verbal 77

Comunicación paraverbal 79

Canales de comunicación en el lenguaje corporal 80

Utilidades del lenguaje corporal 84

Comportamiento humano 85

Características psicológicas de las personas 88

Cómo leer a las personas 90

Capítulo 5: Manipulación y persuasión 96
Manipulación 96

    Manipulación inconsciente 98

    Manipulación voluntaria 99

    Características de personas manipuladoras 100

    Tipos de manipuladores 101

    Rasgos y comportamientos de un manipulador 105

Persuasión 109

    Lenguaje persuasivo 111

    Diferencias entre manipulación y persuasión 113

El engaño y la mentira patológica 115

Capítulo 6: Técnicas de manipulación 122
Preparando el terreno 123

Lavado del cerebro 125

Técnicas socio ambientales 126

Técnicas emocionales 131

Técnicas cognitivas 133

Técnicas disociativas 138

Capítulo 7: Influir en otras personas 139

Influencia social 142
Cómo influir usando técnicas de persuasión 144
    Reciprocidad 145
    Compromiso y constancia 146
    Prueba social 147
    Simpatía 147
    Autoridad 148
    Escasez 149
Influir mediante la comunicación 150

Capítulo 8: Cayendo en la manipulación 161
Perfil de las víctimas 161
Síndrome de manipulación relacional 166
Trastorno de la personalidad dependiente 168
Codependencia y las tres diferencias 170
Niveles de manipulación 172
    Primer nivel 172
    Segundo nivel 173
    Tercer nivel 174
Violencia psicológica 176
    Síntomas 177
    Tipos de violencia psicológica 179
Rasgos y comportamientos de una víctima 182

Capítulo 9: Huir de las redes de la manipulación 187
Signos de violencia psicológica 187
    Humillación, negación, crítica 187
    Control y vergüenza 188

- Acusar, culpar, negar 189
- Abandono emocional, maltrato y aislamiento 190
- Cómo defenderte de la manipulación 191
- Intentar comunicarte con un manipulador 193
- Cómo defenderte de la mentira y el engaño 197
- La técnica de niebla 198
- Cómo dejar a un psicópata 202
- Recupérate de una relación dañina 208
- Consejos para volver a vivir 209

Conclusión 213

Introducción

El tema principal del libro está basado en la manipulación y la psicología oscura, el cual va dirigido a las personas que han sentido vulnerabilidades ante situaciones que la vida le presenta y le ha presentado. En síntesis, el estudio de la psicología oscura examina todos los métodos de manipulación y coacción que pueden utilizar este tipo de individuos malignos para aprovecharse de sus víctimas, sin importarles en lo absoluto la salud física y mental de estas.

Los contenidos están organizados de modo de capítulos para que puedas localizar fácilmente la información por ti mismo, esta organización te ayudara a establecer con libertad y de acuerdo con tu criterio múltiples y variadas relaciones entre los contenidos, el texto desarrolla una serie de nueve capítulos que están estructurados de la siguiente manera: en primera instancia capítulo 1, describe la psicología como una ciencia que posee un objetivo y métodos propios, y también un sistema de conocimientos útiles para resolver los problemas del comportamiento humano.

Seguidamente, los fundamentos de la psicología una de las doctrinas más interesantes y apasionantes que existen. Indagar en los misterios de la mente humana y la personalidad. A continuación, la historia y origen de la psicología como todas las ciencias, tiene su génesis y su historia, y es de suma importancia conocer su evolución para comprender mejor esta disciplina. Como cualquier otra ciencia, la psicología crece y se desarrolla a través de una constante corrección. Por lo tanto, para abarcar el nacimiento de la psicología y sus primeros pasos hay que remontarnos a la época clásica, donde algunas corrientes filosóficas ya nos adelantaban de que algo en el comportamiento humano superaba al de los demás seres vivos, tenía una capacidad para expresar, sentir y comunicar con una evidente diferencia a nuestras funciones fisiológicas. No obstante, con los avances de la humanidad, el estudio de la psicología ha sufrido diferentes cambios y ha sido analizada desde una multitud de prismas y puntos de vistas.

Se explica la psicología y la sociedad, todos los días de nuestra vida estamos obligados de una u otra manera a convivir, compartir y socializar, ya sea dentro de nuestro hogar, en el trabajo, en el parque, en fin, en muchos lugares, con distintas personas y diferentes estilos de vida. Esto se debe a diversos factores, que con el paso del tiempo adquieren un mayor protagonismo alrededor de nuestro círculo y cotidianidad. Del mismo modo, es normal que lleguemos a sentirnos diferentes en comparación con los integrantes de nuestro grupo social, ya que cada persona considera que posee una "personalidad propia" que la distingue de una persona a otra, y esto es totalmente cierto, ya que es imposible encontrar dos individuos con las mismas características psicológicas.

Por otra parte, ¿Por qué la psicología se enfoca en el pensamiento? porque el objetivo es reflexionar cómo nace el pensamiento, qué factores lo incitan a su desarrollo, y de este modo, llegar a lograr un pensamiento crítico. Esta clara necesidad se da no solo para exigirnos intelectual y académicamente, sino también, para la ayuda en la elección de decisiones a la que nos podemos enfrentar en el día a día dentro de la realidad de un mundo totalmente globalizado.

El campo de estudio de la psicología es muy amplio, posee muchísimas teorías e hipótesis en vigencia, y que son totalmente aceptadas. También, es necesario acotar que es una ciencia con un desarrollo constante, que se va amoldando con el transcurso del tiempo y el avance de la sociedad.

Dentro de este marco, el capítulo 2: aborda el lado oscuro de la personalidad que no es más que un conjunto de patrones de ideas, creencias, pensamientos, comportamientos, puntos de vistas y formas que se van adquiriendo durante el largo transcurso de la vida de cada persona. A causa de este efecto, se dice que todas las personas tienen un lado oscuro que tratan de esconder a la sociedad de una manera consciente, pero en ciertos casos este lado oscuro puede manifestarse y salir a la luz, dependiendo de la situación que se esté atravesando, se puede manifestar por medio de nuestras inseguridades, miedos frustraciones y traumas. De la misma forma la sombra personal forma parte de la mentalidad y la personalidad no reconocida por el consciente predominante, también es considerada un aspecto negativo de la personalidad que viene unido a la conciencia.

Seguidamente, la psicología oscura a través de estudios realizados por especialistas la han bautizado como los peores rasgos que puede tener una persona. En relación a la tétrada oscura de la personalidad existen cuatro comportamientos vinculados a la psicología oscura que a menudo generan cierto tipo de confusión, ellos son: el narcisismo, la psicopatía, el maquiavelismo y el sadismo.

El capítulo 3: hace referencia a la programación neurolingüística (PNL) y a sus sistemas de representación, visual, auditivo y el sistema kinestésico, con hincapié a la caracterización de estos sistemas en el comportamiento humano, por ende, son patrones, métodos y habilidades de cognición que sirven para pensar, sentir y actuar de manera útil en varios aspectos de la vida, centrándose en el estudio de los procesos mentales y la conducta humana en general. Siguiendo la secuencia de los capítulos, el 4, se refiere al análisis de las personas, la comunicación verbal y no verbal, lenguaje corporal, características psicológicas de las personas, aspectos básicos del comportamiento humano, entre otros puntos.

El estudio de la conducta humana puede ir desde cómo se muestran las personas con trastorno de ansiedad, hasta considerarlo un acto esencialmente humano, no orientado a otro individuo, ahora bien, en el ser humano se manifiesta un componente importante como lo es la conciencia, puesto que, se encuentra igualmente en un recorrido entre los seres humanos, visto de este modo los seres humanos son capaces de enviar cantidad de mensajes sin menester de utilizar palabras, conscientes de ello o no.

El capítulo 5: aborda el tema de la manipulación y la persuasión en los seres humanos, enfocándose fundamentalmente desde la perspectiva de sus características, tipos, rasgos, comportamientos, métodos, y diferencias. El hombre desarrolla conductas que los hacen ser personas con comportamientos de extremos argumentos malintencionados, la manipulación y la persuasión son unas de ellas.

Las personas se diferencian consideradamente no solo en cuanto a la habilidad que poseen para alcanzar un objetivo, sino también en su deseo de alcanzarlo, es decir, en su deseo de hacer algo para lograr tal objetivo. El sujeto actúa respondiendo a necesidades (hacerse la víctima y dar lastima) que generan en él un estado de desequilibrio. En el capítulo 6: en consecuencia, de lo mismo hace referencia a las técnicas de manipulación y persuasión. Se puede decir que están técnicas de manipulación están sujetas a conducir las emociones de las personas, estas suelen emplear disidencias honestas para originar las debilidades personales de los individuos así mismo hacerla inestable frente al dominio. Se puede inferir que las técnicas de persuasión en la vida de las personas inciden como guía de algunos elementos que son utilizados para envolver a través de las actitudes, ideas y acciones que serán de provecho para persuadir, es decir, la reciprocidad, compromiso, escasez, simpatía, autoridad y prueba social son unas de ellas.

En el capítulo 7: se describe el medio de influir en otras personas, que no mas, que la destreza que tiene el individuo para persuadir a otro por medio de su liderazgo que actúa a través de sus deseos. Por su parte en el capítulo 8: se hablará de cómo se cae en las redes de la manipulación, los rasgos y comportamientos de una víctima. En relación a este tema se puede decir que algunas veces la víctima es persuadida por su verdugo de manera tal que no es capaz de percibir que está siendo manipulado, este determinado comportamiento del individuo se presenta tan sutil que fácilmente no se da cuenta que está cayendo en las redes de la manipulación, es allí donde el verdugo aprovecha esa conducta del otro para lograr su objetivo, y nadie está exento a no caer en estas redes de la manipulación.

En cuanto a lo que se refiere a los rasgos y comportamientos de la víctima se puede decir que presentan una conducta de inseguridad, débil, miedo, poco sociables, y en algunos casos suelen intentar y hasta quitarse vida. Y, finalmente, en el capítulo 9: se considera cómo se debe evitar ser analizado y manipulado, desde una perspectiva integral centrando la atención de poder evitar e identificar aquellos individuos con algún trastorno de la personalidad que tratan de utilizar armas psicológicas para hacerte sufrir, existen múltiples formas para sobrellevar la situación con ellos y así evitar ser manipulado: no caer en sus redes, protegerse, no ser como ellos, ser más fuertes y fortalecer la autoestima a través de ayuda de especialistas.

De ello resulta necesario decir que todas las facetas oscuras y de manipulación de la conducta humana presentan un factor común entre ellas, esto sugiere que todas son una muestra de la misma inclinación, muy bien se puede manifestar solo una, o una combinación de varias. Las personas que desarrollan una personalidad oscura buscan y anhelan poder beneficiarse de una situación por encima del bien de los demás, ignorando totalmente las consecuencias de sus actos, lo que se concluye de la manipulación y de la psicología oscura.

Capítulo 1:
Fundamentos de la psicología

Una de las doctrinas más interesantes y apasionantes que existen que también es considerada como ciencia es la psicología. Indagar en los misterios de la mente humana y la personalidad, tratar de comprender nuestro comportamiento cambiante, al igual que los procesos detrás de la inteligencia, cómo nos desarrollamos durante todas las etapas de nuestra vida o incluso descubrir cómo mejorar nuestras relaciones personales y sociales; estos y otros aspectos son las dimensiones que intenta desvelar esta ciencia que cada vez más abarca un amplio sector de estudio.

¿Qué es la psicología?

Desde los inicios de la humanidad y durante toda su historia, el ser humano ha elaborado diferentes hipótesis y teorías sobre su comportamiento, lo que ha llevado con el paso del tiempo y la aplicación del método científico a perfeccionar este tipo de investigación. Actualmente se define a la psicología como una ciencia que se encarga del estudio y el análisis de los procesos mentales del ser humano, incluyendo el sentido de percepción, pensamientos, sensaciones y comportamiento, teniendo énfasis en la relación con su ambiente físico y social, y siguiendo distintos parámetros en cuanto al desarrollo convencional. La psicología incluye y fomenta el estudio de la mente humana a niveles conductuales, afectivos y cognitivos. Por lo tanto, este estudio se encarga entonces de analizar los distintos comportamientos de la conducta, no solo en lo que respecta a cómo nos sentimos al relacionamos con otras personas, sino también a cómo reaccionamos ante los estímulos externos del entorno que nos rodea, las emociones que nos pueden afectar en determinadas situaciones y las distintas formas para afrontar algún problema y tratar de solucionarlo.

La palabra psicología deriva del término griego "psy" que significa alma, y del "logos" que significa estudio, habla, palabra. Por lo tanto, la definición de psicología es literalmente "estudio del alma" o "discurso sobre el alma". Los antiguos entendieron la psicología como la ciencia capaz de identificar cualidades, así como problemas relacionados con el alma humana. Hoy muchas personas, en su camino de crecimiento, entran en contacto con el concepto de alma. Para los griegos, por ejemplo, el alma adquirió diversos significados, desde Sócrates, que definía el alma como la conciencia, la personalidad intelectual y moral del hombre, hasta Platón, que consideraba el alma inmortal, hasta Aristóteles, que creía que era la estructura funcional de un cuerpo que sin embargo muere físicamente. Originalmente, el alma se consideraba como una manifestación de la esencia de una persona, más pensada como un sinónimo de "espíritu", luego, a partir de la era moderna, se identificó progresivamente más con la mente o la conciencia de un ser humano. Dejando a un lado las definiciones, el concepto es que esta parte más profunda de nosotros es la que debemos redescubrir y con la que debemos identificarnos para llevar a cabo nuestro proyecto de vida.

Este intento de comprender la mentalidad humana busca la facultad de, por un lado, ayudar a resolver las patologías mentales y emocionales que afligen al hombre contemporáneo, y por otro lado perfeccionar las herramientas de aprendizaje con respecto a la naturaleza de la conciencia, para así tener un control mental propio y el raciocinio que nos distingue de los animales. Esta característica que nos distinguen de las demás especies vivientes es la facultad de pensar. El desarrollo de la razón no es más que la posibilidad de pensar, analizar y en consecuencia tomar decisiones, en ese acto nos reconocemos como seres pensantes, que sueñan, imaginan, hacen cálculos complejos, proyectan emociones, etc. En definitiva, nos separamos del simple sentir y el instinto para elevarnos hacia algo superior. Sin embargo, por esta misma razón la gente es capaz de influir en el comportamiento y la mentalidad de otros individuos para tratar de persuadirlos o en definitiva lograr cumplir algún propósito específico y personal. Esta sería la parte oscura de la psicología, la que trata de influir negativamente en los demás, recurriendo a diferentes métodos de manipulación mental que al final logra impactar de manera contundente en la psiquis de la víctima, llegando a padecer de una psicopatía grave.

Si bien uno de los mayores motivos de consulta en el ámbito de la psicológica están orientados al tratamiento de las llamadas y mejor conocidas psicopatologías, con el análisis y la evaluación del caso, y la prescripción de un tratamiento psicológico adecuado, existen muchos otros campos de estudio que aplican no solo a la atención médica, sino también al ámbito laboral, social, deportivo, forense, estudiantil, hasta en la publicidad, ¿alguna vez has escuchado acerca de la psicología del color? Estos y muchos otros campos de estudio abarca la psicología, siempre con el mismo objetivo: tratar de entender el por qué en determinadas situaciones las personas piensan y actúan de cierta forma, y a la vez de manera diferente unas de otras.

Otro campo donde se puede visualizar el alcance de la psicología es en la creación y el desarrollo de la personalidad del individuo, comúnmente mediante del proceso educativo, que eventualmente terminará en el desarrollo de la sociedad en general. La psicología descifra los instrumentos que se utilizan en las relaciones personales y sociales en la mente de cada persona y la formación de actitudes y valores que fomenten la personalidad, esto también incluye la formación de métodos que aseguren la educación de cada persona para que esta sea participe en la construcción de la sociedad.

Historia y origen de la psicología

La Psicología como todas las ciencias, tiene su génesis y su historia, y es de suma importancia conocer su evolución para comprender mejor esta disciplina. Como cualquier otra ciencia, la psicología crece y se desarrolla a través de una constante corrección. Por lo tanto, para abarcar el nacimiento de la psicología y sus primeros pasos hay que remontarnos a la época clásica, donde algunas corrientes filosóficas ya nos adelantaban de que algo en el comportamiento humano superaba al de los demás seres vivos, tenía una capacidad para expresar, sentir y comunicar con una evidente diferencia a nuestras funciones fisiológicas. No obstante, la disciplina como tal que hoy en día conocemos no se desarrolló completamente desde el principio, sino que se fue desarrollando a través del tiempo y la investigación, hasta que se popularizó y abarcó un ámbito de estudio más amplio en los siglos XIX y XX con las obras de autores como Emil Kraepelin, Wilhelm Wundt, o Sigmund Freud.

Con los avances de la humanidad, el estudio de la psicología ha sufrido diferentes cambios y ha sido analizada desde una multitud de prismas y puntos de vistas. Durante la época antigua se pensaba que los trastornos mentales estaban relacionados o eran consecuencia de una posesión por parte de demonios o espíritus, y los conjuros y encantos eran los tratamientos sugeridos que se le atribuían falsos efectos curativos. Durante el siglo IV y el siglo V antes de Cristo. La filosofía realizaba grandes aportaciones a la investigación de la mente y el comportamiento humano, llevado a la cabeza por filósofos como Sócrates y Platón, estas aportaciones serían claves para el desarrollo de la psicología como ciencia. Sócrates construía los cimientos del método científico, y Platón idealizaba que el cuerpo era el medio por el cual, el alma se desenvolvía, siendo esta la verdadera causante y responsable de los diferentes pensamientos, comportamientos y conductas de las personas.

Durante el mismo periodo había otra persona que estudiaba las afecciones físicas y psíquicas en las personas utilizando diferentes métodos, entre ellos el método inductivo, que no es más que un proceso que se utiliza para poder sacar conclusiones generales partiendo de hechos particulares, y de este modo el medico Hipócrates atribuyó los desequilibrios a los humores y fluidos corporales. Estudio que sería después recogido en Roma por la obra de Galeno, esta es una de las mejores muestras de la influencia griega en el pensamiento romano. Actualmente es el método científico más usado.

En consecuencia, el pensamiento europeo quedó subyugado por el cristianismo durante la edad media, provocando así evidentes retrocesos en el progreso científico. Sin embargo, las teorías grecorromanas seguían en vigencia, aunque se mezclaban nuevamente con lo sobrenatural como la magia y la brujería, también atribuyendo los trastornos mentales a la comisión errores y pecados, el único tratamiento se realizaba mediante rezos y exorcismos. A diferencia de esto, los árabes inmersos en una época dorada para el estudio de la medicina y la psicología lograron obtener grandes avances durante la edad media. Se denominaron "enfermedades mentales" a estas afecciones y se aplicaban tratamientos humanizados a las personas que las padecían, empezando así a estudiar los procesos psicológicos básicos. Las alucinaciones, la depresión, la demencia y la ansiedad se atribuyeron a estos padecimientos mentales. En Asia también se produjo un gran desarrollo en cuanto al estudio de la psicología. Con la aplicación de la filosofía hindú, se analizó en retrospectiva el concepto del yo, mientras que, por otro lado, en China se ejecutaban pruebas educativas como: dibujar un cuadrado con la mano izquierda y una circunferencia con la mano derecha para valorar la resistencia a la distracción; logrando así, llevar a cabo el primer experimento psicológico en la historia del que se tiene constancia.

A partir del Renacimiento durante los siglos XVI y XVIII, en la parte occidental se introdujo la concepción del humanitarismo y la enfermedad mental. En esta segunda etapa de la historia, la influencia de los clásicos autores de Gracia y Roma, tuvo un papel esencial ya que lograron relacionar los trastornos psicológicos con disfunciones físicas, y no morales. Se empezaba a popularizar la palabra "psicología" durante este periodo histórico. En este sentido las obras de los filósofos Christian Wolff, Marko Marulic y Rudolf Göckel, fueron especialmente importantes. También cabe mencionar el aporte del filósofo René Descartes que propuso la concepción dualista que separa el cuerpo del alma respectivamente. Asimismo, Philippe Pinel fomentaba el trato moral a los pacientes mentales y sus clasificaciones, mientras que su discípulo Jean-Étienne Dominique Esquirol, promovía el uso de estadísticas para examinar la eficiencia de las intervenciones psicológicas.

Durante la segunda mitad del siglo XIX nace la "psicología científica". Debido a los estudios y el creciente conocimiento sobre la estructura y anatomía del cerebro, se observó un gran avance en la comprensión de los procesos mentales y la fisiología que estos conllevan, logrando así, determinar que en los trastornos mentales se deben mayor medida a consecuencias biológicas. Se pueden destacar los aportes en la neuropsicología de Carl Wernicke, Pierre Paul Broca y las de Gustav Theodor Fechner. No obstante, también fue de gran importancia la influencia que tuvo la teoría de la evolución de Charles Darwin en los estudios del ser humano. Sin embargo, el evolucionismo se usó de excusa por los eugenistas que promulgaban la inferioridad de personas con trastornos mentales y de clase baja debido a la sobrevaloración de la herencia. Entre ellos destacan Bénédict Morel y Francis Galton.

Fue entonces en 1879 que se fundó el primer laboratorio de psicología experimental gracias a Wilhelm Wundt, en el cual se combinaban los estudios y conocimientos de las distintas ramas de la ciencia. Igualmente, años después en Estados Unidos fue creado otro laboratorio similar por Granville Stanley Hall y así fundó la Asociación Estadounidense de Psicología. También, gracias a la obra de Karl Ludwig Kahlbaum la psiquiatría se desarrolló; este propuso un estudio donde se analizaba las alteraciones mentales como el trastorno bipolar y la esquizofrenia. Otro aporte de gran importancia fue el de Emil Kraepelin, quien fue el primero que introdujo las clasificaciones actuales de diagnósticos basándose en los signos y síntomas, así como en su progreso.

Por otra parte, en este mismo siglo ya se empezaba a utilizar la psicología como parte de un proceso para influir más directamente con el comportamiento de la persona, Josef Breuer y Jean-Martin Charcot estudiaban la hipnosis como método de control mental y la histeria, así desarrollando ideas e investigaciones que eventualmente inspirarían a Sigmund Freud a finales de este siglo. Por su parte, a manos de Vladimir Bekhterev e Iván Pávlov aparecía la reflexología en Rusia. Gracias a estas aportaciones se lograron implantar los cimientos del conductismo al igual que el psicoanálisis, siendo estos estudios los que dominarían gran parte de la psicología durante el comienzo del siglo XX.

A principios del siglo XX se empezaron a establecer los principales conceptos teóricos de la psicología actual, tal como la conocemos hoy en día. Se desarrolló la concepción del psicoanálisis gracias a los estudios de Sigmund Freud, incluyendo también la terapia verbal y la teoría del inconsciente o subconsciente bajo el ámbito psicoanalítico. Mientras tanto se desarrollaron las terapias conductistas de la mano de Burrhus F. Skinner y John Watson, estas terapias estaban enfocadas en el comportamiento observable. Debido a la investigación suscitada por el conductismo, eventualmente terminó llevando a cabo la aparición y desarrollo de la psicología cognitiva, que se popularizó y fomentó los estudios de los procesos mentales en los años 60. Entre los autores más destacados del cognitivismo están Albert Ellis y George Kelly.

Uno de los inconvenientes de estos estudios es que utilizaban a las personas como objetos de investigación científica y no eran tratados como pacientes humanos, de este modo, como reacción social al predominio del conductismo y el psicoanálisis surgió el humanismo, que defendía el concepto de que las personas eran seres únicos, libres y no simples objetos de investigación, con derecho a la dignidad y la autorrealización. Esta psicología humanista estuvo representada por Carl Rogers, entre otros. Asimismo, durante el mismo siglo XX diferentes campos de la ciencia aumentaron su impacto enormemente en la psicología, tales como la medicina y la biología, influyeron en el crecimiento de otros campos interdisciplinares como la neuropsicología.

Durante el transcurso de las últimas décadas el avance del análisis del comportamiento humano y los procesos mentales ha estado denotado por las influencias de las ciencias cognitivas y las neurociencias en general. Del mismo modo, los institutos relacionados con el psicoanálisis han perdido poco a poco su hegemonía y parte de su presencia, exceptuando Francia y Argentina, que han logrado mantenerse con salud. Sin embargo, las concepciones mentalistas que fueron criticadas por el conductismo, que tratan al cuerpo y a la mente como dos entes diferentes, y que el comportamiento es dado por las opiniones personales de cada individuo, aún siguen estando vigentes.

Esto conlleva a que los estudios del psicoanálisis, el cognitivismo y todo lo referente a la psicología humanista genere muchas críticas en el ámbito de las ciencias, debido a que parten de trabajar con investigaciones de conceptos muy abstractos, en los cuales se pueden generar significados muy ambiguos y con muy poca relación entre sí. De todos modos, mientras el conductismo es un concepto minoritario en la psicología, el cognitivismo está más enfatizado y goza de un amplio estudio en la actualidad.

La psicología y la sociedad

Todos los días de nuestra vida estamos obligados de una u otra manera a convivir, compartir y socializar, ya sea dentro de nuestro hogar, en el trabajo, en el parque, en fin, en muchos lugares, con distintas personas y diferentes estilos de vida. Esto se debe a diversos factores, que con el paso del tiempo adquieren un mayor protagonismo alrededor de nuestro circulo y cotidianidad. Del mismo modo, es normal que lleguemos a sentirnos diferentes en comparación con los integrantes de nuestro grupo social, ya que cada persona considera que posee una "personalidad propia" que la distingue de una persona a otra, y esto es totalmente cierto, ya que es imposible encontrar dos individuos con las mismas características psicológicas. Siempre escuchamos expresiones como: "tienes el mismo carácter de tu papá" o "hablas como tu mamá", hasta hay un dicho popular que dice: "de tal palo, tal astilla". Sin embargo, estas afirmaciones no se pueden tomar literalmente, puesto que tal vez algunos individuos puedan mostrar ciertos rasgos en su personalidad similares a otros, pero nunca serán totalmente iguales. No obstante, para modelar un patrón psicológico hay tener en cuenta el contexto donde está envuelto el sujeto. Contrariamente al considerarse la psicología como una ciencia rigurosa en sus conceptualizaciones, esta analiza y estudia los sentimientos, la percepción y la conducta humana con respecto a la influencia de los factores individuales, sociales y culturales. Se tiene en cuenta los niveles de desarrollo estandarizados, la formación, condiciones ambientales, costumbres sociales, en fin, todo el entorno físico al que está expuesto un sujeto para enfocar su patrón psicológico y encontrar la resolución apegada a este tipo de condiciones.

El carácter de los seres humanos se ha adaptado a lo largo del tiempo y durante el transcurso de la historia según los cambios sociales y culturales inevitables que se ha sometido la humanidad, replanteándose sus posturas, puntos de vistas y hasta su propio pensamiento, recolectando todos estos acontecimientos de acuerdo a los tiempos que transcurren. Esto se ve reflejado al contrastar y comparar la sociedad actual con la de hace un siglo o algunos años. Por ejemplo, el Rock nació como un género musical de protesta en la década de los años 50, caracterizado por su contenido crítico hacia la política del momento, algunos sectores de la sociedad de entonces veían este género como una mala influencia para las generaciones futuras. Eventualmente con el transcurso del tiempo y los cambios de percepción de la sociedad, el género evolucionó de tal manera que ahora es uno los géneros musicales más explotados en la industria discográfica, incluyendo todas sus variantes. Esto denota como el cambio cultural afecta la percepción de un grupo social. Aquí entra en juego la psicología social, a grandes rasgos, se puede decir que esta se encarga de analizar los sentimientos, acontecimientos, cómo pensamos, nuestras motivaciones y cómo relacionarnos con las demás personas en un ámbito social, influenciado directamente por el contexto ambiental.

Los temas abordados por la psicología social son inmensamente variados, así como las innumerables situaciones que vivimos a diario en nuestras relaciones sociales. Estos serían los planteamientos principales estudiados en este campo de la psicología, acompañado de una pregunta que se puede asociar a cada uno:

- **Comunicación:** ¿Qué nos motiva a expresar nuestras opiniones a los demás?
- **Construcción de la identidad personal:** ¿Cómo establecemos nuestros rasgos y cualidades personales que nos definan?
- **Relaciones interpersonales:** ¿Por qué sentimos atracción por algunas personas y otras nos desagradan?
- **Actitudes sociales:** ¿Por qué debemos pertenecer a cierto grupo social?
- **Disputas:** ¿Qué conduce a alguien a lastimar a otra persona?
- **Filantropía:** ¿Por qué ayudar a otros?
- **Estereotipos sociales:** ¿Por qué determinado grupo social se representa por una o varias características?
- **Cognición social:** ¿Cómo hacemos un juicio sobre la conducta de alguien?

- **Cultura psicosocial:** ¿Por qué una imagen influye colectivamente en nuestras emociones?
- **Grupos sociales:** ¿Qué nos impulsa a seguir y considerarnos admirador de determinada persona o grupo?

Como se ha mencionado anteriormente, el principal objetivo del estudio de la psicología social es la influencia que ejerce las relaciones sociales sobre el estado mental, el comportamiento y la conducta de las personas. A este efecto se le atribuye una teoría clave llamada interaccionismo simbólico, que se profundizará en ella más adelante. En un estudio desarrollado por el autor George H. Mead sobre la influencia de los símbolos en la sociedad, indicó que el lenguaje, la conducta y los gestos, son productos fundamentales para permitir la vida sana dentro de una comunidad. Evidentemente, en las sociedades actuales existen reglamentos y organizaciones institucionales, gubernamentales e internacionales, constituidas en base a ciertos lineamientos y condicionantes socioculturales que fomentan la buena interacción entre las personas, en determinadas zonas geográficas. En consecuencia, no es muy complicado pensar que existe una conciencia colectiva que simplifica la interacción interpersonal y facilita el entendimiento y cumplimiento de dichas articulaciones sociales. Por supuesto, otro objeto de estudio de la psicología social es el contexto histórico, dado que una serie de precedentes simbólicos a lo largo de la historia influyeron en lo que somos y hacemos actualmente.

¿Por qué la psicología se enfoca en el pensamiento?

Es imposible negar que el pensamiento es una necesidad que viene con el ser de forma innata, al estar conscientes sabemos que existimos e intentamos buscarle un sentido a todo lo que nos rodea y lo que nos hace sentir, el objetivo es reflexionar cómo nace el pensamiento, qué factores lo incitan a su desarrollo, y de este modo, llegar a lograr un pensamiento crítico. Esta necesidad que se da, no es solamente para exigirnos intelectual y académicamente, sino también, para la ayuda en la toma de decisiones a la que nos podemos enfrentar en el día a día, dentro de la realidad de un mundo totalmente globalizado.

El pensamiento de cada individuo presenta una serie de características. Este es acumulativo y se va desarrollando con el transcurso del tiempo a medida que crecemos. En teoría, el pensamiento humano es la intervención intelectual de índole individual, que se genera a partir del razonamiento personal, en otras palabras, los pensamientos son el resultado de una serie de procesos que genera la mente, estos pueden ser voluntarios a causa de una orden racional, o involuntarios a partir de un estímulo externo. Estos pensamientos a menudo se pueden reflejar en el lenguaje, y de igual modo, este mismo va configurando su propio lenguaje. Cualquier tipo de obra, personal, científica o artística, se va formando a partir de un pensamiento inicial que termina de desarrollarse al complementarse con otros. Este es su forma de preservación, pero a la vez es uno de sus métodos de transformación.

La ciencia, según el método de operación mental, ha determinado diferentes tipos de pensamientos, estos son algunos de los que se tiene estudios:

- ***Pensamiento analítico***

    Este es un tipo de pensamiento que lleva a la reflexión y al razonamiento de cualquier dilema que se presente, se centra principalmente en la decisión de qué creer y cómo actuar, de acuerdo a la relación que existe, el dilema y el contexto general. El rasgo más evidente de este tipo de pensamiento, es que genera una división del dilema en diferentes partes para lograr solucionarlo, de este modo identifica las ideas, las analiza, y las categoriza de manera separada para tratar de obtener la respuesta deseada. Durante la búsqueda de esta conclusión, se puede atravesar por varias instancias dentro del mismo pensamiento, como la creación de una hipótesis, replantearse el dilema, reflexionar sobre la aplicación de diversas estrategias, para así, escoger la más acorde. De tal modo, este tipo de pensamiento sirve para el análisis y solución de problemas complejos, tomar decisiones en consecuencia, solventar desacuerdos, entre otros.

- *Pensamiento creativo*

Como su nombre lo indica, este tipo de pensamiento se refiere a la facultad que tiene el ser humano de crear. En otras palabras, es una forma de pensar con la habilidad de poder generar, producir o inventar algo nuevo; este permite la concepción de nuevas ideas y diversificar distintos conceptos partiendo de uno en específico. Por ejemplo, si eres estilista y requieres de un nuevo diseño para promocionar tu marca de ropa, es necesario utilizar el pensamiento creativo para generar una nueva idea, de modo que tener en cuenta los estándares de la moda del momento, y las ideas ya presentes en tu mente, a partir de este punto puedes desarrollar un producto único que se adapte con tu propósito original. Este pensamiento es la base de cualquier realización artística, ya que no presenta límites a la hora de concebir una nueva idea.

- *Pensamiento deductivo*

Este es un tipo de pensamiento o razonamiento, en el cual se llega a una conclusión de acuerdo a la inferencia de varias premisas o axiomas presentes en un momento dado. Por ejemplo: "La noche anterior había dejado un trozo de pastel en el refrigerador, y esta mañana ya no estaba, supongo que fuiste tú quien se lo comió". Se configura una serie de fórmulas mediante ciertas pautas de inferencia, para luego extraer una conclusión final. Algunas veces, este tipo de pensamiento es llevado de forma exagerada por ciertas personas, sobre todo si presentan algún trastorno de la personalidad.

- *Pensamiento inductivo*

Por otra parte, este pensamiento inductivo está enlazado con la inducción, como su nombre lo específica; conlleva a que se genere a partir de ciertas premisas particulares para poder obtener una conclusión general. Se debe tomar en cuenta que, a pesar de que estas premisas sean verdaderas, no necesariamente la conclusión también lo sea, podría ser falsa. Existe una minúscula probabilidad de que este derive en una conclusión verdadera, por lo tanto, el resultado puede variar con respecto al número total de premisas a considerar.

- *Pensamiento crítico*

Es de suma importancia el objetivo que tiene este tipo de pensamiento en las personas, ya que genera una reflexión y un análisis personal de manera objetiva, tomando en cuenta los hechos y el contexto, para poder crear un juicio y dar una opinión acertada. Ningún individuo nace con este tipo de raciocinio, sino que se va desarrollando con la práctica a medida que crece, y despojándose de ciertas particularidades como el egocentrismo, para así poder ser capaz de utilizarlo correctamente. Muchas personas manipuladoras o con algún trastorno de la personalidad, carecen de este tipo de pensamiento, debido a que no son capaces de formular un juicio de manera racional basándose en los hechos, no ven más allá de su propia conciencia. Por otra parte, si somos capaces de formar juicios objetivos, esto podrá acarrear muchos beneficios como la adquisición de valores, comprensión de ideas ajenas a las nuestras, resolución de problemas y muchos otros beneficios más.

- *Pensamiento interrogativo*

¿Has tenido alguna vez una pregunta o inquietud que ronda por tu cabeza sin cesar? Pues así actúa el pensamiento interrogativo, cuando tienes alguna duda o inquietud tratas de buscar la manera de cómo plantearla para obtener una respuesta. La función principal de este tipo de pensamiento es generar interrogantes para intentar comprender un problema o una situación específica, y así buscar una solución. Por lo tanto, se puede utilizar diferentes contextos, tanto personal, como académico o profesional. Gracias a este pensamiento se ha avanzado en la humanidad, ya que muchos filósofos y científicos se han hecho preguntas a lo largo de la historia, y con la implementación del método científico se han respondido la mayoría de estas interrogantes.

Como es bien sabido y comprobado, el ser humano es la única especie capaz de razonar, motivo por el cual se diferencia de los demás animales, sin embargo, esto no quiere decir que sea el único con la capacidad de pensar, ya que el resto de las especies también poseen un cerebro que realiza la función de "pensar", pero de una forma más instintiva basada principalmente en la experiencia. La diferencia radica en que nosotros somos capaces de analizar un problema o situación, encontrar las causas, y lidiar con las consecuencias que este acarrea.

Todo esto va de la mano con el concepto de la lógica, el cual pretende en primera instancia formular una serie de leyes que rijan el pensamiento, en conjunto con el comportamiento humano, para lograr una convivencia social. En cuanto al rol que tiene la psicología junto con la lógica, se traduce en la influencia que tiene en la conducta humana, ambas complementadas para introducir la ideología del pensamiento lateral. Este hace una importante referencia al tipo de pensamiento que se produce si se quebranta cualquier patrón de lógica y raciocinio arraigado dentro de un esquema mental sano.

Campos de estudio

El ámbito de estudio de la psicología es muy amplio, posee muchísimas teorías e hipótesis en vigencia, y que son totalmente aceptadas. También, es necesario acotar que es una ciencia con un desarrollo constante, que se va amoldando con el transcurso del tiempo y el avance de la sociedad. Actualmente, la psicología está dividida en diferentes ramas o áreas de estudio, sin embargo, todas estas convergen en un solo punto; el de dar respuesta a una interrogante: ¿Por qué las acciones de ciertos individuos? En reglas generales, el método de aplicación de esta disciplina se puede dividir en siguientes ramas principales:

- ***Psicología analítica.*** Se encarga de implementar métodos de observación directamente en los individuos, aunque también indirectamente, con el motivo de

analizar la conducta, el comportamiento, el entorno y otros factores.
- ***Psicología experimental.*** Es la aplicación de diversas metodologías cuantitativas de investigación científica, estudia la retentiva y la percepción usando procesos de laboratorio que facilitan el entendimiento del comportamiento humano.
- ***Psicología clínica.*** En esta rama de estudio se implementan metodologías cualitativas de investigación, para lograr entender los procesos mentales del individuo. Se centra en estudiar y ayudar a mejorar en gran medida a las personas que presentan alguna afección o trastorno mental.
- ***Psicología fisiológica.*** Se encarga del estudio sobre el funcionamiento del sistema nervioso y el cerebro.
- ***Psicología laboral.*** Esta rama de la psicología intenta desarrollar formas de comprender la nocividad dentro de una actividad laboral, incluido el análisis de los mismos trabajadores, así encontrar la solución a algún problema.
- ***Psicología social.*** Se centra en estudiar la influencia que genera el entorno social a una persona en particular, sus reacciones, comportamiento, adaptación a dicho entorno, etc.

Entre los objetos de estudio de esta disciplina se mencionan:

- Memoria – Inteligencia.
- Aprendizaje – Comunicación.
- Emociones – Afectividad.
- Motivación – Frustración.
- Agresión – Conflicto.
- Personalidades – Relaciones.
- Grupos – Formas organizativas.

Al dividir la vida de cada individuo en un ciclo de vida relacional y un ciclo de vida individual, en los dos aspectos distintos pero relacionados, podemos indicar los siguientes temas y fases que pueden beneficiarse del uso del especialista en comportamiento:

Durante el ciclo de vida relacional:

- El sistema familiar.
- La pareja casada.
- La pareja parental

Durante el ciclo de vida individual:

- La fase perinatal.
- Infancia.
- Adolescencia.
- Edad adulta.
- La tercera edad (Vejez).

La psicología y todos sus campos de estudios se ocupan de solventar problemas referentes a la psiquis de una persona e incluso una comunidad, la forma de comportarse, cómo se desenvuelven en diferentes circunstancias, la influencia que ejercen, la moralidad, etc. Dicho de otra manera, esta ciencia intenta comprender todos los aspectos subjetivos de la vida, bien sea individual o colectivamente, de modo que pueda brindar un espectro más visible de la conciencia humana.

Capítulo 2:
El lado oscuro de la personalidad

La personalidad es un conjunto de patrones de ideas, creencias, pensamientos, comportamientos, puntos de vistas y formas de ver el mundo que se van adquiriendo durante el transcurso de la vida de cada persona, y se mantienen a través del tiempo. No obstante, algunos de estos patrones pueden surgir de manera disfuncional, permitiendo una incorrecta adaptación del individuo al entorno que le rodea, logrando de esta manera padecer de fuertes dificultades y trastornos en su personalidad, pudiendo provocar daños a sí mismo o terceras personas.

A causa de este efecto, se dice que todas las personas tienen un lado oscuro que tratan de esconder a la sociedad de una manera consciente, pero en ciertos casos este lado oscuro puede manifestarse y salir a la luz, dependiendo de la situación que se esté atravesando. Existen muchas maneras de expresar este comportamiento, donde se puede mostrar parcial o completamente la verdadera esencia maléfica y negativa de cada persona, esta parte escondida de la personalidad que nadie quiere mostrar; se puede agravar más si se considera que se originó gracias al instinto o algún impulso espontaneo de manera inconsciente, y no de manera premeditada.

Muchos de los científicos que estudian el comportamiento humano y la programación neurolingüística, denominan este fenómeno como "sombra personal", el cual aparece a partir de nuestra infancia y se va desarrollando con el paso del tiempo, a causa del aprendizaje, las experiencias y las situaciones traumáticas vividas, que a su vez el subconsciente trata de desterrarlas para poderlas superar, sin embargo, esto no ocurre de la manera correcta; y se vuelve como un vertedero emocional lleno de desperdicios que no puede vaciarse, hasta llegar a un punto que se desborda y empiezan a aparecer muestras de su existencia. Esta sombra personal está en una constante lucha con nuestra consciencia para evitar manifestarse, obligándonos a realizar un esfuerzo extra para tratar de reprimirla y contenerla, no obstante, a veces se nos puede escapar de las manos esta situación. Nos coloca en un estado de alerta permanente, ya que algunas de sus consecuencias nos traerían una gran cantidad de problemas.

Sombra personal

El termino sombra, surgió gracias a los estudios de la psicología analítica. Este concepto trata de representar de una forma más plausible el lado oscuro de la personalidad humana, en el cual se ocultan todos los instintos más básicos y primitivos del hombre, que vienen acarreados desde su pasado y los comportamientos descartados por la evolución la conciencia y la sociedad. Por consiguiente, este denominado lado oscuro se puede manifestar a través de nuestras inseguridades, miedos, frustraciones y traumas cuando se pone en confrontación los valores impuestos por la sociedad, y algunos rasgos y comportamientos de nuestra personalidad que brotan de manera inconsciente, haciendo que el Yo consciente los descarte al no aceptarlos como una actitud propia.

En consecuencia, la sombra personal forma parte de la mentalidad y la personalidad no reconocida por el consciente predominante. Es considerada un aspecto negativo de la personalidad que viene unido a la conciencia, solo que se mantiene en un estado latente y oculto la gran parte del tiempo, esperando manifestarse en algún momento de altas emociones como un conflicto, un altercado, o cualquier situación que genere un alto estrés; por ejemplo, si se presenta alguna discusión con el jefe y sentimos una ira excesiva e incontrolable.

Ciertas personas tienen sentimientos que resultan inaceptables para el resto de la sociedad, en consecuencia, tratan de desterrarlos del consciente para que estos no se conviertan en sentimientos y actitudes cotidianas que generen a su vez, inseguridad y culpabilidad.

La psicología oscura

Los estudios psicológicos del comportamiento humano han dado a conocer este término bautizado como "Psicología oscura", donde nacen todos los peores rasgos que puede tener una persona. Ciertos rasgos de la personalidad se pueden vincular con el egoísmo excesivo, y se sabe que existe una brecha muy amplia entre el egoísmo que presenta una persona narcisista y el que presenta un psicópata, sin embargo, actualmente los especialistas en el análisis de la conducta, han demostrado que todos estos rasgos negativos de la personalidad comparten el mismo núcleo dentro de la psicología oscura. Algunos de estos rasgos como el sadismo dependerán del daño y el dolor de terceras personas para su satisfacción propia, y otros simplemente se colocarán a sí mismos por delante, sin importar el bienestar emocional de todos los demás, tal como lo plantea el egoísmo. Pese a estas distinciones y niveles, siempre se generan desde el mismo núcleo, es decir, se basan en la psicología oscura.

En términos prácticos, el rol principal que cumple la psicología oscura es el estudio de la inmensa variedad de comportamientos y mentalidades que presentan los individuos con una naturaleza malvada. Examina todos los métodos de manipulación y coacción que pueden utilizar este tipo de individuos malignos para beneficiarse de sus víctimas, sin importarles en lo absoluto la salud física y mental de estas. Todas las facetas oscuras de la conducta humana presentan un factor común entre ellas, esto sugiere que todas son una muestra de la misma inclinación, muy bien se puede manifestar solo una, o una combinación de varias. Las personas que desarrollan una personalidad oscura buscan y anhelan poder beneficiarse de una situación por encima del bien de los demás, ignorando totalmente las consecuencias de sus actos.

Tétrada oscura de la personalidad

Existen cuatro comportamientos vinculados a la psicología oscura que a menudo generan cierto tipo de confusión entre ellos. Por esta razón, la psicología oscura se encarga de estudiar estos cuatro comportamientos, que son:

1. Narcisismo.
2. Psicopatía.
3. Maquiavelismo.
4. Sadismo.

Los profesionales de la psicología han investigado profundamente estos tipos de conductas, logrando así, presentar varios estudios referentes al tema. Estos mencionan que puede haber individuos que demuestren alguno de estos comportamientos, no obstante, esto no debe significar que se califique como "malvados". El problema se refleja cuando estos pensamientos y actitudes, se empiezan a interponer en el desarrollo normal de la cotidianidad y se convierten en una dificultad se ve obligada a solucionar. Estos cuatro comportamientos no necesariamente se presentan de forma individual o por separado, muchos individuos con una de estas características muy marcada, pueden manifestar otra más, e incluso las cuatro.

Al mismo tiempo, la psicología oscura señala algunas de las conductas generalizadas que pueden adoptar las personas que conforman la tétrada oscura:

- Mentir y manipular compulsivamente.
- Hacer sufrir y lastimar a otras personas, incluso si tienen algún vínculo importante con ellas.
- Exigir y presionar a los demás para lograr su cometido.
- No sentir empatía por el prójimo.
- Desprestigiar y burlarse de alguien para inflar su ego.
- Siempre querer estar al mando de todas las situaciones.

Estos cuatro rasgos de la personalidad oscura repercuten en la convivencia social de una u otra forma. Pero, ¿De qué se trata específicamente cada uno de estos cuatro comportamientos que nombramos anteriormente?

Narcisismo

Probablemente, este constituye la característica más relevante y conocida de la tétrada oscura. El termino narcisismo nace gracias a un joven llamado Narciso, que se enamoró profundamente de su propia imagen, la cual se reflejaba en un estanque de agua; según la mitología griega. Las personas con un trastorno narcisista de la personalidad tienen la peculiaridad de considerarse especiales en comparación a los demás, con una elevada auto-importancia, y por tal motivo reclaman a otros un trato especial. Si esto no ocurre se muestran sorprendidas e incluso ofendidas cuando no les alaban su grandiosidad. No obstante, no solo la vanidad se refleja en estas personas con fuertes rasgos narcisistas, sino también la inclinación hacia una necesidad de atención, sobrevaloración y admiración desmedida de si mimas. En gran medida tratan de forma despectiva a los que ellos piensan que no están a su altura, reaccionan de manera irritable y algunas veces agresiva ante las críticas.

El narcisismo está remarcado en los individuos que se centran en sí mismos, todo lo que dicen, hacen o piensan, tiene que ver con el hecho de obtener algún beneficio personal; no les preocupa el bienestar ajeno a ellos, sino el propio. En general, estas personas requieren de una admiración desmesurada y piensan que tienen un ilimitado poder. Se vuelve aún más exagerado su deseo de atención centralizada y su reflejo de sentirse importante, cuando este tiene un cierto atractivo físico, además de los sentimientos que puede trasmitirte al estar con alguien así. Suelen conservar su aspecto impecable, su máxima preocupación es su apariencia y lo que puedan decir de ellos los demás, y siempre tratan de demostrar sus mejores virtudes en público.

Si el narcisismo es más excesivo se convierte en una patología. Este narcisismo patológico suele repercutir de forma negativa en la vida personal del individuo, incluyendo en entorno que lo rodea, pero este es incapaz de darse cuenta de que su comportamiento afecta negativamente sus relaciones personales y sociales. Muchas personas no toleran estar cerca de un narcisista, se sienten tensos e incomodos al compartir con ellos, es por esto que las personas con un trastorno narcisista de la personalidad suelen tener una convivencia conflictiva, junto con problemas e inconvenientes en el trabajo, con su pareja, amigos, familiares, etc. No obstante, puede ser que muchas veces debajo de esa imagen idealizada, auto-impuesta que pretenden mostrar, se esconda en realidad una autoestima muy baja y frágil, que sea susceptible a las críticas, con poca tolerancia y frustración.

¿Cómo sabemos si estamos lidiando con un narcisista?

Solamente un especialista en el área de la salud mental puede hacer un diagnóstico preciso, y determinar si una persona sufre de un trastorno narcisista de la personalidad, sin embargo, este diagnóstico se basa en una serie de conductas y características que personas con este trastorno pueden mostrar; les gustan exagerar sus virtudes y logros, también que sean proclamados como superiores sin tener ningún mérito a esto. Tienen la idea de que se merecen un trato más especial por parte de otros, y solo se relacionan con personas con un alto prestigio y estatus social, fomentando así su sentido exagerado de derecho hacia los demás, por consiguiente, se molestan cuando sienten que están rodeados por personas mediocres.

Desprecian las capacidades y desvaloran los logros de los demás, tratándolos como inferiores debido a que ellos si pueden hacer mejor las cosas. Tratarán por conveniencia y se aprovecharán de los otros para lograr sus metas egoístas, ya que solo sus metas y proyectos son valiosos e importantes. De este modo, pretenden que todas las demás personas estén dispuestas a atender sus necesidades en todo momento, también a que se acate cualquier tipo de mandato o proposición, usando una actitud abusiva inclusive con familiares y amigos cercanos. Según su manera de pensar, los demás están para servirles y ser utilizados porque la mayoría son estúpidos.

Carecen de la capacidad de apreciar y apoyar decisiones o proyectos ajenos a ellos, de tal modo que sienten envidia y son personas toxicas cuando de trabajo en equipo se trata. Tampoco son capaces de sentir empatía y velar por las necesidades de los demás, lo único importante son ellos mismos, son egocéntricos. Siempre pretenden liderar y monopolizar las conversaciones en todo momento con sus propias ideas, conceptos y opiniones, ya que su enfoque al hablar y pensar es hacia sí mismos.

Tienen un comportamiento prepotente y arrogante, esto les hace creer que ninguna persona puede cuestionarlos, siempre piensan que están por encima de los demás. Suelen tener delirios, fantasías o ilusiones de grandeza, poder y éxito; por ejemplo, yo tengo el mejor carro, la mejor casa, trabajo en la mejor empresa del país, mis hijos son los más inteligentes, etc.

Se puede resumir que, dependiendo del grado de personalidad de un narcisista, este con frecuencia quebranta los derechos de otros y desprecia los gestos de las personas que puedan preocuparse por él, a menudo para llenar su ego. Estos modelos de conductas son intransigentes y pueden conducir a prácticas no saludables, ansiedades, angustias, etc. que afectan al entorno familiar, laboral, social u otras áreas.

De igual modo, los individuos que padecen del trastorno narcisista de la personalidad, reaccionan de varias maneras ante una situación en particular, tienen ciertas conductas que les dificulta el afrontamiento hacia las críticas y las tomas de decisiones. Suelen responder ante estas situaciones con agresividad, humillación, vergüenza e indignación, y son incapaces de comprender la preciada opinión o la crítica constructiva de otra persona, ya que sienten que es un ataque personal u ofensa.

Sabemos que para identificar a un narcisista se debe percibir ciertos rasgos de comportamientos, opiniones, emociones, pensamientos y conductas que conforman este perfil. Sin embargo, existen personas que presentan algunos rasgos narcisistas sin serlo realmente. Un comportamiento narcisista en ocasiones se manifiesta (bajo determinadas condiciones) mediante una posición narcisista, por ejemplo; ser alguien exitoso en su área laboral y ejercer un puesto de superioridad, tener unos padres exigentes que te presionen para obtener buenas calificaciones, tener una autoestima muy alta, etc., pero que en definitiva ninguno de estos rasgos representa, ni tiene nada que ver con padecer de un trastorno narcisista de la personalidad. Una persona con elevada autoestima puede tener humildad, mientras que un narcisista no.

A veces tener una personalidad narcisista resulta ventajosa y puede ser funcional, es decir; presentar algunos rasgos narcisistas no muy intensos, pueden ser adaptados de tal manera que sirvan como un impulso para lograr conseguir las metas en la vida, ya sean personales, académicos o profesionales. En contraparte se puede volver disfuncional, es decir; presentar rasgos que no se han logrado adaptar, y pueden ser dañinos para la vida personal y social.

Psicopatía

La psicopatía entra en la categoría de trastorno antisocial de la personalidad. Su principal característica es que se genera por una deformación del carácter y la conducta social, sin importar ninguna disfuncionalidad intelectual. Las personas que padecen de este trastorno se les llama psicópatas, estas personas pueden cometer delitos muy graves sin siquiera mostrar ningún gesto o sentimiento de culpa y arrepentimiento. Los psicópatas a menudo pasan desapercibidos ante la sociedad, ya que llevan una vida total y aparentemente normal, afecta tanto a hombres como a mujeres, sin embargo, en ciertas ocasiones se pueden salir de esta "normalidad" para realizar actos delictivos, que van desde una simple agresión hasta asesinatos en masa.

A parte de todo esto, la psicopatía es la falta absoluta de empatía generando así, una persona malvada y manipuladora que nada la detendrá hasta lograr sus propósitos, sin importar pasar por encima de los demás. Aparte, la falta de honestidad y el desinterés por los sentimientos ajenos es otra de sus características resaltantes, en conjunto con una respuesta emocional muy superficial, causando daño sin ningún tipo de remordimiento.

No hay causas totalmente definidas para la psicopatía, aunque todo parece apuntar que podría existir un factor genético que influya. También es importante señalar el desarrollo de la infancia y la adolescencia de la persona que padece de este trastorno, el entorno donde crece y comportamiento de los padres y familiares. La mayoría de los psicópatas han crecido dentro de un ambiente hostil, de muy poca atención y falta de cariño. De hecho, se pueden observar algunos comportamientos con tendencias psicópatas durante la infancia, como episodios sistemáticos de violencia y agresiones hacia compañeros en la escuela, inclusive hacia sus propios padres y docentes. También se tiene registro de que este trastorno de la personalidad, en ocasiones podría originarse debido a lesiones o daños en el lóbulo frontal del cerebro.

Los psicópatas son protagonistas de muchos crímenes, y estos no muestran ninguna señal de remordimiento, son fríos y calculadores, pero suelen seguir un patrón de comportamiento que permite de cierta forma identificarlos. Hay varias conductas que son comunes en este trastorno de la personalidad:

- Muestran comportamientos adictivos.
- Quebrantan las normas de convivencia.
- Les es indiferente cruzar el límite de lo correcto.
- Prefieren la soledad a tener relaciones personales.
- Saben perfectamente la diferencia entre lo bueno y lo malo.
- No sienten miedo de las consecuencias de sus actos.
- Son manipuladores y crueles.
- Les gusta el riesgo.
- Son distantes e indiferentes a los sentimientos ajenos.
- No se arrepienten ni sienten remordimientos.
- Los sentimientos en general no importan.
- Aparentan que llevan una vida totalmente normal.

De igual forma, es muy difícil para los especialistas de la salud mental hacer un diagnóstico exacto de la psicopatía, debido a que existen muchos síntomas y variables que son comunes en diferentes tipos de enfermedades psicológicas y mentales. Algunas como el trastorno límite de la personalidad, la sociopatía, la esquizofrenia, hasta el simple hecho de simular una enfermedad mental para obtener provecho en una corte penal; son trastornos mentales con síntomas muy parecidos entre sí. En tal caso, el especialista debe entablar una conversación constante con el paciente, y analizar sus reacciones y comportamientos para así, realizar un diagnóstico preciso de la enfermedad. Este análisis u observación, vendrá en conjunto con diversos métodos para el reconocimiento del estado de salud general del paciente.

La tipología del delito y la diferencia entre los demás trastornos de la personalidad, así como su tratamiento, siempre han sido materia de estudio durante los últimos años, fomentado por el sobresalto social que sucede cuando se cometen los crímenes. El tratamiento de este trastorno intenta buscar la reintegración del paciente a la sociedad. Sin embargo, es muy difícil y complejo, ya que se debe someter al paciente a sesiones de estructuración para que intente reconocer la afectividad y colocarse en el lugar de otros, se debe entrenar para el progreso de sus virtudes emocionales y conseguir que se adapte a las relaciones sociales.

Es casi imposible lograr que un psicópata se amolde a las normas legales y sociales sin quebrantarlas. Este no suele implicarse en el mejoramiento de su estado mental, y la búsqueda de la curación durante el tratamiento, se ha intentado sintetizar una solución farmacológica, pero aun la ciencia no ha visto resultados positivos. Es importante señalar que, dada la dificultad de sanarse de este trastorno de la personalidad, sería mejor prevenirlo, y la mejor manera de hacerlo es interviniendo oportunamente en el desarrollo de la infancia, ya que es el momento preciso en el que el individuo está formando su personalidad.

Maquiavelismo

Por su parte, las personas con rasgos de maquiavelismo tratan de servirse de las relaciones sociales de un modo muy complejo a su favor, son muy inteligentes, pero esta inteligencia la emplean para su beneficio personal. Ser maquiavélico provee de habilidades para el control social, que a la larga esto se transformará en ser especialista para adecuar toda situación. La inteligencia maquiavélica genera comportamientos en los que el individuo, intenta lograr el mayor éxito de manera directa o indirecta. Para esto, se recurre a conductas cooperativas o atacantes, escogiendo la que más le convenga y que pueda generar más posibilidades de adaptarse a partir de la situación en cuestión.

La frase muy conocida: "El fin justifica los medios", capta la verdadera esencia de este concepto. El maquiavelismo es un concepto que alude a la distinción que existe entre alcanzar ciertas metas, sin importar los métodos que utilices para lograrlas, independientemente si sea moralmente aceptado o no. Durante el siglo XVI, se dio a conocer un tratado político llamado "El Príncipe" una obra cuyo autor; Nicolás Maquiavelo, sentaba las bases exponiendo todos los aspectos psicológicos y conductuales que hacen que un líder tenga éxito, lo que hizo cambiar a partir de aquí hasta la actualidad; la forma de ver y entender la política en general. Gracias a esta publicación, surge el término "maquiavelismo", que se asocia con una persona de personalidad inteligente, estratégica y manipuladora.

Sin embargo, este concepto no solamente tiene que ser visto del mismo modo del que fue creado originalmente (como doctrina política), sino también para explorar y determinar ciertos patrones conductuales en las personas. Actualmente, desde una perspectiva psicológica se puede reconocer una variedad de rasgos y características para definir a las personas como maquiavélicas.

Desde el ámbito de la psicología, el término maquiavelismo hace referencia a los rasgos que expresa la personalidad de un individuo, que demuestra una absoluta priorización hacia sus intereses personales, tanto así, que pueden utilizar a los demás como simples herramientas para poder concretar sus fines, sin dudar, explotan y manipulan a otros a su conveniencia para lograr sus metas. El pensamiento de una persona maquiavélica es meramente estratégico y desiste a sus propios intereses por encima de la consideración con los demás.

Muchas investigaciones han demostrado que los individuos con personalidad maquiavélica están al tanto y comprenden los sentimientos y emociones de los demás, pero su naturaleza los hace insensibles, y pueden dejar de lado la empatía para tratar de conseguir el éxito. A diferencia de los otros rasgos anteriormente mencionados como el narcisismo y la psicopatía, que se asocian con la alta actividad conductual; el maquiavelismo es más asociado con la cohibición, es decir, a lo opuesto de los casos anteriores, la mayoría de estas personas maquiavélicas poseen conductas más inhibidas o retraídas, siendo más cognitivas que afectivas.

De este modo, este perfil encaja perfectamente con el individuo estratega, astuto y cauteloso que se puede encontrar en historias populares, tanto en la ficción como en la realidad. Personas manipuladoras que no tendrán ni una pizca de duda a la hora de quebrantar cualquier norma para lograr sus objetivos egoístas.

Llegados a este punto y siguiendo estas características, se mostrarán algunos de los rasgos que se observan en este tipo de personalidad. No obstante, cabe la posibilidad de que una persona que posea esta condición no presente todos y cada uno de estos, pero sí algunos:

- Carecen de valores y principios éticos sociales.
- Utilizan la mentira y la adulación cuando es necesario.
- Priorizan excesivamente sus propios intereses.
- Son personas cerradas, difíciles de tratar.
- Evitan el sentimentalismo y el compromiso.
- Aparentan ser seguros y agradables.
- La manipulación y la explotación es su excelencia.

- Colocan el primer lugar el dinero y el poder.
- Son sínicos e inmorales.
- No suelen identificar sus propias emociones.
- Comprenden los sentimientos de los demás, pero no se atreven a empatizar.

Este tipo de personas se desarrollan mucho mejor en situaciones cuando los límites y las normas sociales no están totalmente claros, utilizan técnicas de manipulación como el trato amistoso, o el encanto exterior y superficial. Estas son algunas técnicas muy sutiles, pero consiguen tapar las verdaderas intenciones y así, lograr escudarse con el rechazo, aunque también pueden abusar de la presión psicológica con amenazas y otros tipos de artimañas. El cinismo y la inhibición emocional hacen que estos individuos controlen perfectamente sus impulsos, a menudo son elegidos para realizar debates o negociaciones, incluso en circunstancias competitivas, pero en realidad no son amigos de nadie.

Puede ser posible que algunos individuos con una personalidad maquiavélica presenten ciertos comportamientos sociópatas, debido a que les es muy difícil o no son capaces de conectar con los demás. No obstante, esta característica no se muestra en el nivel más extremo. Al menoscabar la capacidad de empatizar con los demás, se genera una línea divisora muy clara entre ambas partes. Gracias a esta inteligencia maquiavélica se hace más fácil encontrar las flaquezas ajenas, y una vez encontradas las usaran para su propio beneficio.

Poseen un excelente control de sus impulsos y emociones, aunque en ciertas ocasiones pueden utilizan precisamente la excusa de la impulsividad y el descontrol para justificar algún comportamiento, esto es parte de la función y la realidad es otra, ya que la mayor parte de sus acciones están premeditadas y planificadas con un blanco ya definido.

Su mayor prioridad es llevar a cabo sus objetivos, y más si son objetivos o metas ambiciosas, a las cuales le dedica el mayor tiempo posible y todos sus esfuerzos. Se centran en sacarle el mejor provecho a otras personas para completar sus planes, y una vez que lo hayan hecho esperaran pacientemente los resultados deseados, todo esto sin ningún tipo de nerviosismo. Ser pacientes e inteligentes les hacen sentir comodidad a la hora de trazar sus planes maquiavélicos, y más si los resultados que obtendrán son a largo plazo. Es común que proyecten sus metas a futuro, si son metas importantes requerirán de movimientos complejos para lograr que todo salga bien, es por esto que no se permiten la impulsividad; pensar fríamente es la única forma de alcanzar el éxito. Además, este maquiavelismo también opera sin falta de remordimientos y la constante maquinación de planes.

El mejor método que utilizan las personas maquiavélicas para manipular a los demás, es diciendo todo lo que otros quieren escuchar, incluyendo el halago constante. En este patrón de personalidad reina un desprendimiento emocional muy fuerte, combinado con el cinismo y el carisma, logrando ser los maestros manipuladores.

Al momento de que un individuo con esta personalidad maquiavélica sea atendido por un especialista, la mayor dificultad será diagnosticarlo de forma precisa, ya que se percibe al principio como si no hubiera ningún problema en su manera de ser, siendo una persona funcional con propósitos y metas claras. Sin embargo, los casos en los que una persona maquiavélica llega a una consulta psicológica es porque han sido presionados por la familia o, lo más frecuente, por orden judicial; tomando en cuenta que este patrón de comportamiento es muy común dentro de la criminalística debido a su tendencia al hurto o la estafa.

En definitiva, es importante señalar que se requieren de profesionales experimentados en este tema para poder tratar este tipo de trastorno conductual. Solo así se logrará de esta forma, desmantelar sus engaños, artimañas y manipulaciones que estas personas acostumbran a realizar.

Sadismo

Este último es también uno de los que ocurre con frecuencia y se denomina como trastorno de la personalidad sádica, es un modelo de conducta patológica muy cruel y agresivo, que se ve manifestado continuamente durante el transcurso de la vida a través de ciertas situaciones. A menudo se emplea el abuso y la violencia para el simple hecho de dominar a otros y obtener placer de esto. Tal como sucede con el sadismo sexual, el individuo genera placer, satisfacción y disfrute de observar la humillación y el sufrimiento de otra persona. Para lograr esto, el individuo es capaz de utilizar desde la violencia física hasta mentiras y humillaciones para provocar daños, sin tener ningún objetivo específico más allá de obtener placer de hacerlo.

Asimismo, es muy común que logren a través de la coacción y el miedo, imponer su voluntad. Acostumbran a cortar la libertad de otros ya que son personas controladoras, sobre todo con los familiares, parejas o amigos más cercanos, así como demostrar un gusto mórbido por la muerte, el sexo y la violencia. Es importante señalar que este trastorno no solo se restringe a una persona en concreto ni a una situación específica, tampoco al simple hecho de generar sufrimiento a otros con propósitos sexuales, sino que estamos tratando con una serie de patrones de comportamientos generalizados; es decir, puede haber ciertas personas que expresen gustos peculiares de sadismo sexual, y no necesariamente padecer de un trastorno de personalidad sádica. Estos son algunos de los comportamientos presentes:

- Disfrutan de poder dominar a otra persona.
- Gozan con ver o infligir dolor físico o emocional.
- No les genera incomodidad provocar el sufrimiento.
- No sienten remordimiento alguno.
- A todo esto, también les genera excitación sexual.

Resultaría fácil pensar en atribuirle algún grado de criminalidad a este tipo de trastorno de la personalidad, pero la mayoría de individuos que cometen crímenes (incluyendo los de violencia y sangre) por norma general, son personas que no presentan ninguna alteración psicopatológica, esto quiere decir que es necesario considerar el hecho de que a pesar que estemos describiendo a personas que gozan del sufrimiento y la humillación ajena, esto no implica que dichas personas vayan a incurrir en algún crimen.

Por otra parte, en ciertos crímenes existe una predominancia muy grande del sadismo en conjunto con la psicopatía, y esto se ve reflejado con la mayoría de casos vinculados con asesinos en serie. En otros crímenes la predominancia es mucho menor, de la misma forma, en varios estudios realizados en poblaciones reclusas se encontraron que ciertos individuos que cometieron agresiones sexuales, mostraban algunos rasgos típicos presentes en el trastorno de la personalidad sádica. Pese a esto, es necesario remarcar que sufrir de este trastorno no quiere decir que necesariamente induzca a la criminalidad, cosa contraria a lo que se cree.

Las causas de este trastorno de la personalidad sádica aún se desconocen, en este sentido la investigación científica plantea que este se puede generar a partir de elementos bioquímicos implicados en ciertas regiones cerebrales, como puede ser el sistema límbico, y a causa del aprendizaje adquirido, por ejemplo, haber crecido en un ambiente de violencia familiar o haber sufrido de abuso físico o sexual durante gran parte de la vida del sujeto, y este mediante el aprendizaje, modela y asocia el sufrimiento al poder o al placer.

Sin embargo, actualmente existen controversias en el ámbito científico sobre si se puede considerar el sadismo realmente como un trastorno de la personalidad. Lo cierto es que es evidente que existen sujetos con una gran variedad de rasgos y actitudes sádicas, como se refleja en muchos psicópatas, pero aún sigue en investigación si hay suficiente evidencia para calificar este tipo de trastorno, incluso establecer si es un trastorno de personalidad diferente o divisible de los otros existentes. Las clasificaciones para diagnosticar se basan esencialmente en la parte conductual sin llegar a profundizar en la parte cognitiva y emocional, es necesaria una mayor investigación para obtener datos concluyentes. De cualquier forma, el Manual diagnóstico y estadístico de los trastornos mentales (DSM-III) ya ha categorizado el sadismo como un trastorno de la personalidad, que bien puede ser diagnosticado por un especialista.

A simple vista se puede intuir que hay una íntima relación entre la psicopatía y el sadismo como un trastorno antisocial de la personalidad; de hecho, se puede presentar ambos en el mismo individuo, sin embargo, se tratan de clasificaciones diferentes. En ambos casos siempre va a predominar un comportamiento, el abusar de la integridad y vulnerar los derechos de los demás para lograr sus objetivos, esto sin mostrar ninguna pizca de empatía o remordimiento. De tal modo que la obtención de gratificación y placer con el dolor y la coacción hacia otros, siendo estos el núcleo central del trastorno antisocial de la personalidad, no definen al psicópata; ya que no todos los psicópatas son sádicos. Del mismo modo al individuo que puede ser sádico sin violar las reglas sociales y leyes.

También existe el hecho de que, si se une un individuo con trastorno de la personalidad sádica con otro individuo masoquista, se crea una figura llamada "sadomasoquismo", en el cual se genera una complicidad entre la víctima y el victimario. La victima recibe todo el maltrato y disfruta con ello, al igual que el victimario infringiendo el maltrato en una dupla convenida.

Capítulo 3:
La programación neurolingüística (PNL)

La programación neurolingüística, también conocida por sus siglas (PNL) son un conjunto de patrones, métodos y habilidades de cognición, que sirven para pensar, sentir y actuar de manera útil en varios aspectos de la vida, centrándose en el estudio de los procesos mentales y la conducta humana en general. Mediante la PNL se puede descubrir la conformación de nuestra conducta propia y la de otra persona. Por lo tanto, este proceso indaga en la comunicación que tenemos con las demás personas y con nosotros mismos. Esta noción salió a la luz durante la década de los 70 a partir de las obras de Richard Blander y John Grinder, los cuales comenzaron con la creencia de que podían identificar los patrones de pensamiento y los comportamientos de las personas exitosas, y luego enseñarles a otros. Una de las principales técnicas de la programación neurolingüística es, de hecho, constituido por imitación o, como lo definen los adeptos, modelado: imitando el lenguaje y el comportamiento de éxito de personas que podrían hacer posible que nuestras habilidades alcancen sus mismos resultados.

Esta metodología está basada principalmente en el procesamiento del lenguaje, pero también utiliza otras técnicas de comunicación para hacer que las personas cambien sus pensamientos y comportamientos. La cual no aspira ser una teoría en sí, sino que se basa en el seguimiento de ciertos modelos y patrones que pretenden describir el funcionamiento de un sistema, es decir, que analiza los factores que contribuyen en la forma de comunicarnos, comportarnos y de pensar. La

PNL idealiza que las personas operan a través de "mapas" internos con los que representar al mundo. Por lo tanto, trata de identificar estos mapas (que no son más que experiencias subjetivas de lo que nos rodea) para cambiar sus orientaciones. Es una metodología que apunta a un cambio de pensamiento y comportamiento.

La programación neurolingüística tiene muchos ámbitos para su aplicación, puede servir para el entrenamiento, las ventas, las terapias psicológicas, la educación, en fin, para todas las relaciones sociales. Se suele utilizar para realizar técnicas de desarrollo personal, indagar en nuestros procesos mentales, mejorar las relaciones y la comunicación, etc. Igualmente, debe especificarse que la PNL no tiene nada que ver con la hipnosis. Por el contrario, opera a través del uso consciente del lenguaje para modificar el patrón mental y de comportamiento de una persona.

Del mismo modo, la programación neurolingüística es también definida como el tipo de ciencia que busca alcanzar la excelencia humana, es decir, se puede considerar como una tecnología o herramienta que permite programar la mentalidad de otras personas, inclusive la nuestra, y de este modo tratar de "instalar" programas mentales que nos sirvan para obtener lo que nos propongamos en la vida. Es por esto que el coaching y la PNL hacen una pareja excelente; debido a las herramientas que utiliza la PNL para mejorar nuestra mente, sirve también para el desarrollo personal.

La programación neurolingüística al igual que sus siglas (PNL) le debe su nombre a la conexión de tres aspectos del ser humano, que se mezclan para generar este concepto:

- **_Programación (P)_**

En la metodología de la PNL el cerebro se puede comparar con un computador, el cual tiene la habilidad de procesar y codificar las vivencias y experiencias que experimentamos a diario a través de los sentidos. En este caso, la programación sería el "software", el cual se organiza mediante programas mentales, para así ayudarnos a amoldar y conseguir lograr nuestros objetivos.

- **_Neuro (N)_**

Es el "hardware", el sistema nervioso a través del cual la experiencia se recibe y procesa a través de los cinco sentidos. Se refiere al hecho de que cualquier comportamiento es atribuible a los programas de funcionamiento de nuestro sistema nervioso. Para poder completar cualquier tipo de aprendizaje es necesario hacer uso de la red neuronal, y de este modo poder almacenarlo dentro de la memoria, bien sea a corto o a largo plazo. El ser humano fabrica todas sus percepciones del mundo exterior (incluyendo sus experiencias) gracias al sistema nervioso central, el cual es resultado de los procesos neurológicos.

- **_Lingüística (N)_**

El último aspecto en el que se basa la programación neurolingüística es en el uso que le damos al lenguaje, tanto el verbal como el no verbal, para así, darles sentido a las vivencias y al aprendizaje adquirido. Se utiliza el lenguaje como método para ordenar de manera coherente nuestros pensamientos y comportamientos, igualmente para lograr comunicarnos con los demás de manera correcta.

Pongamos un ejemplo la puesta en funcionamiento de esta metodología. Un taxista va conduciendo su vehículo y ve que alguien extiende su brazo pidiendo un taxi, este utiliza su sentido de la visión para observar a la persona (Neuro), a continuación, traduce el gesto que hace esta persona mediante el lenguaje: "Un cliente, debo frenar" (Lingüística), luego cuando el taxista se prepara para frenar y estacionarse, este ejecuta el programa mental ya codificado de pisar el freno con el pie derecho para estacionarse (Programación). A partir de este punto se puede apreciar el uso de la programación neurolingüística aplicado en la cotidianidad.

Visto de otra manera, el patrón básico sería: recaudar la información necesaria del entorno que nos rodea mediante los sentidos, puede ser de manera consciente o inconsciente, dependiendo del impacto y la información recibida, se organizan todos los datos sensoriales de tal manera que permita generar una idea o representación de lo que se ha recibido, y por ultimo ejecutar o no una acción.

En la escuela y la formación, el uso de la programación neurolingüística está asociado con la investigación y la experimentación de modelos de enseñanza y aprendizaje, la relación entre el maestro y los alumnos, la posibilidad de mejorar los recursos internos como la motivación, el interés, la curiosidad, etc. y, en consecuencia, logre producir beneficios también en las actividades escolares y de orientación profesional. La programación neurolingüística trabaja en la forma de percibir la realidad, involucrando tanto la capacidad creativa de la mente en un nivel inconsciente como los datos reales que pueden detectarse externamente (en nuestra actividad de percepción sensorial y conductual). Es crucial para un docente saber que el lenguaje utilizado por sus alumnos refleja su experiencia y conocimiento del mundo. Cambiarlo, en este sentido, adquiere el significado más amplio asignado a un cambio de perspectiva, la transición del prejuicio a la comprensión, de la negatividad a la promoción positiva y constructiva.

- *La PNL es una actitud*

Caracterizada por un sentido de curiosidad, aventura y deseo de aprender las habilidades necesarias para comprender qué tipos de comunicación influyen en los demás. Es el deseo de saber cosas que vale la pena conocer. Está mirando la vida como una rara oportunidad de aprender.

- *La PNL es una metodología*

Basada en el principio de que cada comportamiento tiene una estructura, y que esta estructura se puede extrapolar, aprender, enseñar e incluso cambiar. El criterio rector de este método es saber qué será útil y efectivo.

- *La PNL es una tecnología*

Que permite a una persona organizar información y su percepción para lograr resultados considerados imposibles en el pasado.

La programación neurolingüística, por lo tanto, se ocupa del estudio de la estructura de la experiencia subjetiva y de lo que se puede calcular a partir de ella.

Sistemas de representación

La Programación neurolingüística nos marca cual debería ser la norma de comunicación que empleamos en nuestro entorno, igualmente propone métodos para fomentar habilidades y crear cambios. Se parte de la idea de que todo se puede comunicar, esta comunicación es constante y varia del entorno, muchas veces las palabras son el método menos utilizado en el acto comunicativo. Una entrada sensorial se procesa internamente, se representa y se traduce en respuesta a una representación sensorial. Esto significa que estamos en contacto con el resto del mundo a través de nuestros sentidos conectados con nuestra sensorialidad interna.

Las modalidades sensoriales con las que las personas codifican, organizan y dan sentido a las experiencias se denominan sistemas de representación. La programación neurolingüística distingue tres tipos según su canal preferido utilizado para procesar información interna. Es decir, hay personas que prefieren procesar información a través de imágenes, sonidos o emociones.

Como podemos palpar, hacemos uso de nuestros sentidos para lograr percibir el mundo exterior, recolectamos, almacenamos y procesamos toda la información en nuestra mente mediante una serie de sistemas representativos, los tres principales son:

- Sistema visual.
- Sistema auditivo.
- Sistema kinestésico.

Aparte, también se encuentran el sistema gustativo y el olfativo, pero estos dos últimos están menos generalizados que los otros. En consecuencia, se puede decir que cualquier recuerdo o representación de una vivencia pasada, presente o futura incluirá por lo menos uno de estos tres sistemas de representación. Cada persona, dentro de la categoría a la que pertenezca, tiene un porcentaje personal, ya que cada una tiene un sistema de representación que prevalece sobre los demás, debido a la influencia que ha tenido sobre el patrimonio genético, la educación y su propia experiencia de vida. Este sistema que prevalece sobre los demás se puede encontrar observando y escuchando de manera específica a quienes hablan o se comunican sin palabras.

Todas las personas tienen una manera distinta de percibir y procesar las experiencias, algunas de estas personas priorizan el sistema de representación auditiva, otras prefieren el visual o el kinestésico, sin embargo, hay otras que utilizan varios de estos canales dependiendo del contexto. Por consiguiente, el sistema nervioso central filtra las entradas sensoriales de varias maneras. Conscientemente, hay información limitada disponible en este momento, debido a los filtros que se activan en las entradas perceptivas y que son operaciones sistemáticas de cancelación, distorsión y generalización, que en general se refieren a un proceso de modelado universal. Sin estos filtros neurológicos, las personas estarían sobrecargadas de información continua e irrelevante.

El caso es que dependiendo de la prioridad que le demos a un sistema en específico, tendremos diferentes características y la comunicación se hará de una forma u otra. Lo más seguro es que las personas con quien te lleves mejor, utilicen el mismo sistema de representación que tú. Las aplicaciones de los sistemas de representación sirven para:

- Hacer una adaptación del lenguaje para el interlocutor, puede ser verbal o no verbal, y de esta forma generar una mejor y eficiente comunicación.
- Generar una gran afinidad con todos los interlocutores, especialmente se ve en los vendedores y comerciantes.

- Usar la versatilidad en el discurso, es decir, adaptar la charla a los diferentes sistemas de representación para llegar a un número mayor de personas, esto sirve especialmente para los educadores y conferencistas.

Como se indicó anteriormente, existen tres sistemas de representación sensoriales, y son detectables al escuchar hablar u observar cuidadosamente a la persona con quien se relaciona. Todo esto se deriva del lenguaje analógico, que no se refiere al contenido del mensaje, sino al uso de ciertas palabras más que otras, o el comportamiento no verbal.

El lenguaje analógico es mucho más importante que el lenguaje hablado (o lógico) para establecer relaciones entre personas. Pertenecer a un tipo u otro depende de los hábitos adoptados y del entorno frecuentado durante el crecimiento, esta es una impresión muy condicionada por las emociones. Sin embargo, es posible cambiar la pertenencia a un sistema de forma mayoritaria, que se formó espontáneamente, y aumentar la sensorialidad en los sistemas menos utilizados.

Para ser excelentes comunicadores es necesario equilibrar los porcentajes y tener toda la sensorialidad disponible de la misma manera. Si es necesario, cada sistema puede ser mayoritario en comparación con los demás. Esta habilidad, que se adquiere con tanta práctica, se ve erróneamente favorecida por la aptitud para la flexibilidad. Por consiguiente, cualquiera puede tener una mezcla de dos, hasta tres sistemas de representación, además de saberlos usar en distintas situaciones. Según esta perspectiva siempre habrá uno que predomine más que otro, dependiendo que cual esté más desarrollado, nos será mucho más fácil de usarlo y lograr adquirir conocimientos rápidamente.

Sistema de representación visual

Las personas que son especialmente visuales, utilizan la decodificación y obtención de información mediante la observación e identificación de imágenes como canal principal. Al momento de recordar, interpretar o expresarse lo realizan a través de las imágenes formadas en su memoria, así les ayuda a organizar y procesar correctamente la información. Estas personas presentan un nivel muy alto de energía, son observadoras e inquietas, perciben con gran precisión muchos de los pequeños detalles que las demás personas pasarían por alto. A menudo visualizan imágenes en sus pensamientos para luego recordarlas cuando las necesiten, es preciso la concentración por eso prefieren lugares tranquilos para hacerlo.

Una persona que es más visual se le hace más fácil recordar rostros, fotos e imágenes, del mismo modo se le dificulta asociar nombres a tales rostros. Tienen la capacidad de almacenar una gran cantidad de información y pueden traer a su mente instantáneamente muchos datos a la vez, para establecer conexiones entre diferentes conceptos, el método que mejor les funciona es el de la visualización, aprenden mejor y más rápido cuando leen u observan la información.

Es muy frecuente que se inhiban del mundo exterior cuando hablan por teléfono. Cuando entablan una conversación telefónica se distraen excesivamente hasta el punto de no responder a estímulos externos, estas personas tienen que esforzarse más para procesar la información sonora. A menudo se les califica como personas altaneras o prepotentes debido a que tienden a elevar el mentón para analizar al interlocutor, y estos piensan que están siendo retados, pero nada más lejos de la realidad. Del mismo modo, las personas visuales suelen hablar muy rápido ya que tienen la capacidad de conectar varias ideas a la vez y la información es proyectada en forma de imágenes en su mente.

Estos son algunos de los rasgos que a menudo pueden presentar las personas con un sistema de representación visual predominante:

- Tienden a realizar movimientos oculares cuando hablan.
- Hablan demasiado rápido.
- Su tono de voz es alto a diferencia de los demás.
- Elevan los hombros y el mentón al comunicarse.
- Su respiración es rápida y superficial debido la velocidad a la hora de expresarse.
- Realizan gestos con las manos en conjunto con lo que dicen.
- El ruido puede causarles distracción.
- Captan la información velozmente hasta con el más mínimo detalle.
- Son personas más activas.
- Generan más interés en la apariencia de las cosas.

En cuanto a las expresiones del lenguaje que más utilizan son:

- "No puedo ver con claridad lo que me quieres decir".
- "Déjame echarle una ojeada".
- "He visto lo que has hecho".
- "Voy a observarlo detenidamente".
- Etc.

Algunos ejemplos de las profesiones elegidas por personas visuales son:

- Estilismo.
- Fotografía.
- Arquitectura.
- Diseño gráfico.

Resulta difícil para muchos, tratar de comunicarse con este tipo de personas debido a que su foco de atención se pierde fácilmente si les deja de interesar la conversación. De tal modo, se les debe hablar de forma energética, describiendo de una forma gráfica lo que se intenta comunicar utilizando su mismo sistema de representación visual.

Sistema de representación auditiva

Dentro de lo que se plantea en el marco de la programación neurolingüística, las personas que utilizan el sistema de representación auditiva de forma predominante codifican la realidad del entorno mediante los sonidos. Estos sonidos, su frecuencia, el tono y la intensidad en conjunto son las que denotan el peculiar modo de recordar las vivencias pasadas, afianzar el presente e idealizar el futuro. Gracias a este predominio del canal auditivo estás persona a menudo son más relajadas, elocuentes y con una gran cualidad de expresión. Les gusta comunicarse, conversar y tienen una buena memoria al momento de recordar las palabras o sonidos que ya hayan escuchado.

Este tipo de personas que son más auditivas, se centran en perfeccionar su habla, moderan sus palabras, se toman sus pausas y son muy armónicos, procuran siempre pulir el mensaje para que sea claro al receptor. Por otro lado, cuando son los receptores del lenguaje hablado pareciera que estuvieran leyendo una partitura, son muy secuenciales y si encuentran una palabra disonante (fuera de contexto) la frase cambia el significado completamente para ellos. Los auditivos desarrollan un pensamiento secuencial, es decir, que generan una idea detrás de la otra, hasta que no hayan expuesto y terminado su idea principal no pueden continuar con la siguiente. Su método preferido de aprendizaje es a través del oído y el habla, repitiendo las frases o conceptos que requieren aprender. Indagan mucho en sus pensamientos a diferencia de las personas visuales, ya que estas intentan abarcar muchos temas de interés, pero no logran adentrarse totalmente en cada uno es estos.

Consideran que es de vital importancia y enfatizan mucho en el orden cronológico de los acontecimientos, dado a su gran capacidad de almacenar grandes cantidades de información sonara en sus mentes, son capaces de memorizar la mayor parte de una canción al escucharla una vez. En cuanto a la comunicación no verbal, estos registran pocos movimientos en las manos, tal vez ni las muevan, se distraen toqueteando objetos sin motivo en cualquier momento. Si detectan alguna perturbación o inseguridad balancean su cuerpo, esto los tranquiliza, en general denotan movimientos oculares de izquierda a derecha como si estuvieran leyendo.

A través de los siguientes rasgos se puede identificar a una persona que utiliza la representación auditiva como sistema predominante:

- Suelen tener un tono y una voz muy clara y expresiva.
- Hablan a un ritmo medio y constante.
- No suelen hacer gestos con las manos, sino que las mantienen en una posición casi inmóvil.
- Se distraen muy fácilmente con los ruidos externos debido a su sensible audición.
- Mantienen una respiración homogénea en el diafragma.
- Son muy elocuentes y expresan su buena pronunciación.
- Mientras hablan, a menudo tienden a mover los ojos linealmente.

Las expresiones del lenguaje que más utilizan son:

- "Lo he escuchado antes".
- "Eso me suena raro".
- "Soy todo oídos".
- "Te lo dije bien claro".
- Etc.

Algunos ejemplos de las profesiones elegidas por personas auditivas son:

- Abogacía.
- Músico.
- Docencia.
- Locución.

Para comunicarse con estas personas auditivas se debe utilizar expresiones como las mencionadas anteriormente, hablar a un ritmo intermedio, controlar la respiración homogénea, y sobre todo hacer sonidos de aprobación para captar la atención.

Sistema de representación Kinestésico

La programación neurolingüística señala que las personas que priorizan el sistema de representación kinestésica en su comportamiento, asimilan la realidad de su entorno mediante sensaciones, sentimientos y emociones para traer vivencias pasadas y consolidar el presente. A pesar de ser personas particularmente tranquilas, distendidas y relajadas, tienen un gusto curioso por todo lo que integre emociones y experiencias manuales, con la finalidad de percibir el gusto, olfato y especialmente el tacto. Les gusta el contacto físico con los demás, son muy abiertas y expresivas ante la sociedad para encontrar la cercanía afectiva.

A diferencia de las personas visuales, las kinestésicas no demuestran un interés especial por los detalles de las cosas o situaciones como lo hacen las visuales, sin embargo, adquieren la espontaneidad en conjunto con la inclinación de buscar y encontrar emociones de primera mano. Asimismo, estos individuos necesitan de más interacción, movimiento y actividad. Es por esto que un estudiante con un sistema de representación kinestésica, tendrá mucha más dificultad que los demás para sobrellevar y adaptarse correctamente a la educación tradicional.

Poseen la capacidad de contar con una gran percepción somática, siendo altamente sensibles al tacto, inclusive al roce del viento y el contacto directo de la ropa en su piel. Las tomas de decisiones las hacen basadas en su "intuición" gracias a sus sentimientos y emociones, al momento de comunicarse lo hacen a través del contacto físico y corporal, les atraen las actividades físicas como la gimnasia, la danza, el deporte, etc. Su proceso de aprendizaje lo realizan con la práctica, haciendo las cosas en vez de verlas o escucharlas.

Estas personas kinestésicas son fácilmente reconocibles gracias a sus actividades y comportamientos, tales como:

- Los gestos con sus manos son muy evidentes, juegas con estos movimientos y suelen hacer contacto consigo mismo y su interlocutor.
- Cuando sienten una emoción muy fuerte llevan sus manos a la boca, el estómago o al corazón.
- No hacen contacto visual cuando hablan.
- Tienden a bajar la mirada cuando se sienten intimidados.
- Su tono de voz es bajo y modulado.
- Son amables y cálidos.
- Sus palabras a menudo describen sus sentimientos.

- Respiran profunda y lentamente.

El tipo de expresiones del lenguaje que suelen utilizar son:

- "Se me puso la piel de gallina".
- "Me quité un peso de encima".
- "Estoy hecho polvo".
- "Estamos en contacto".
- Etc.

Algunos ejemplos de las profesiones elegidas por personas auditivas son:

- Maquinista.
- Chef.
- Ingeniero.
- Aviación.

Para comunicarse de la mejor manera posible con estas personas kinestésicas, se debe utilizar el contacto físico, hablar al mismo ritmo lento de comunicación y expresarse tal y como ellos lo saben hacer.

Para concluir, la principal forma de indagar en nuestro sistema representativo y el de otra persona es a través del lenguaje, en el cual se puede señalar los canales sensoriales que escogemos y en donde fijar la atención.

Técnicas de programación neurolingüística

La Programación Neurolingüística es un instrumento que, si se aprende a desarrollar, se verán mejorías en las relaciones sociales, incluso laborales. Igualmente ayuda a deshacerse de esos pensamientos y comportamientos limitantes, en otras palabras, sirve y se puede utilizar para asimilar y responder de manera positiva y coherente ante las acciones y estímulos negativos.

Las diferentes técnicas que aborda la programación neurolingüística permiten que una persona logre analizar cómo evolucionar a favor de sus metas. De este modo, se utilizan los métodos de comunicación para transportar las reflexiones positivas al lenguaje corporal, además de estimular la motivación de alcanzar las metas personales eficazmente sin fracasar en el intento. Estas técnicas de programación neurolingüística son de utilidad para todos los que requieren de un empujón para lograr vencer los obstáculos, igualmente para los que usan excusas para no salir de su zona de confort.

Cada vez que la persona se esté acercando a la meta, el bienestar de igual manera irá aumentando. Dependiendo de la cantidad de esfuerzo que se utilice para aplicar los recursos de la programación neurolingüística, crecerán las probabilidades es lograr el éxito deseado. Estas son algunas de las más utilizadas en la programación neurolingüística:

- *Anclaje*

Esta técnica básicamente consiste en que mediante un estímulo sensorial como el sonido, un olor, un gesto, etc. Se active instantáneamente un estado, sentimiento o emoción por la vinculación a este. Un ejemplo puede ser los recuerdos anclados que vienen a la mente con el olor de cierta comida, o algunos sonidos como el de un himno, etc.

- *Rapport*

El objetivo principal de esta técnica es el de generar un entorno de confianza y apoyo mutuo entre dos o varios individuos, donde no existan discusiones o malentendidos. Se puede utilizar cuando se pretenda aumentar el alcance de la comunicación independientemente de la persona o el ambiente que lo rodea. Se debe mencionar todas las cosas en común que se pudiera tener con el interlocutor.

- *Ilusión de alternativas*

Esta técnica se basa en tratar de persuadir a otra persona con la intensión de que esta realice una petición, se debe presentar dos o varias opciones y colocarlas sobre la mesa para hacer que la otra persona tenga la obligación de elegir entre ellas, estas opciones alternativas tienen que estar encaminadas en los objetivos que se pretenden alcanzar. Por ejemplo, si la meta es ir al cine, la petición que se debería plantear es: ¿Tomamos un bus para ir al cine o nos vamos en el coche?, en vez de preguntar si se va o no, en este caso se le da la opción de no realizar la petición.

- *Órdenes*

Siguiendo esta técnica, las peticiones se deben formular terminando con una entonación de la voz ascendente, y las órdenes serían formuladas con la entonación contraria, es decir, descendente. De este modo la programación neurolingüística absorta a formular las preguntas con la entonación descendente para lograr el resultado deseado.

- *Fisiología*

Esta se trata de analizar y comprender el funcionamiento interno y externo del cuerpo humano, como frecuencia cardiaca o el tipo de respiración al momento de exponer una idea, igualmente los gestos y las posturas que se adoptan, entre otros aspectos que también afectan el comportamiento y las emociones. Si se aprende a controlar la respiración y las posturas corporales, en definitiva, se puede modificar el comportamiento a disposición personal, y así transmitir el mensaje al exterior de la forma deseada en principio.

- *Accesos oculares*

Esta técnica forma parte en conjunto con la fisiología, y esta trata de analizar el patrón de los movimientos oculares que denotan y las intenciones de las personas.

- *Modales de posibilidad o necesidad*

Acá se hace uso de los "metaprogramas", y como lo explica la programación neurolingüística, estos son patrones o tácticas de pensamientos concretos que se reflejan de manera inconsciente. Entre ellos destacan los modales de posibilidad o necesidad a modo de mandatos implícitos en el subconsciente. Estas se pueden manifestar en el lenguaje mediante palabras como: debería, tendría, necesitaría, etc. Particularmente produciendo distintos sentimientos en el individuo.

- *Referencia*

Es un tipo de técnica que hace referencia al concepto de "meta-programa", en palabras más simples es el cumplimiento de ciertos patrones mentales que ocurren continuamente y de manera inconsciente. Tener consciencia y control de estos patrones se traduce en un incremento del autoconocimiento, en normas generales, se fomentan los criterios basados en las acciones, y de esto dependerá la toma de decisiones. Unido a esto se pueden apreciar dos tipos de referencia; la primera es la referencia interna, en la cual el individuo basa sus decisiones centradas en su perspectiva o punto de vista propio; en cuanto a la segunda, se trata de la referencia externa, que, a diferencia de la primera, el individuo basa sus criterios en las opiniones ajenas y dependen del consenso de otras personas.

- ***Creencias e identidad***

Se tiene conocimiento de que las creencias definen la identidad de cada persona, si tenemos consciencia de estas y el control se pudiera generar un cambio y modificar la realidad a nuestro gusto personal.

Beneficios de utilizar la programación neurolingüística

Tal como se mencionó anteriormente, la programación neurolingüística se fundamenta en tres aspectos importantes que tienen relación con el ser humano; la programación que va referida a que toda vivencia se guarda en una especie de disco duro cerebral, en cuanto a la neurología se menciona, esta abarca el mecanismo de funcionamiento neuronal del cerebro y la forma en que los sentidos son captados, y la lingüística debido a que esta es el método mediante el cual se puede ordenar y transformar los pensamientos e ideas en información palpable.

La programación neurolingüística encuentra un amplio campo de intervención, utilizando diversas técnicas de acuerdo con los fines deseados. En este sentido, las técnicas que se usan en la PNL generan una serie de beneficios que abarcan un extenso rango de objetivos y necesidades humanas. Partiendo de la idea de que el pensamiento y el comportamiento pueden modelarse, la PNL se usa para:

- *Mejorar la comunicación*

Gracias a desarrollar las técnicas de la programación neurolingüística, se puede lograr una mejora notoria en cuanto a la forma de comunicase consigo mismo y con los demás, ya que se analiza y reflexiona detenidamente cada situación.

- *Gestionar las emociones*

Con la programación neurolingüística se puede llegar a manejar las emociones de una manera más controlada en las diferentes situaciones, por ejemplo, a la hora de hacer una entrevista para optar por un empleo.

- *Estrategias para la motivación*

Fomenta la motivación personal para lograr nuestras metas.

- *Autoanálisis personal y expectativas*

En ocasiones las expectativas y la realidad no van de la mano, para avanzar es importante reflexionar sobre estas.

- *Comprender los modelos de aprendizaje*

Es de vital importancia conocer el mejor modelo para aprender, igualmente diferenciar los otros existentes, saber en qué modelo se desenvuelve mejor cada persona, si eres más visual o más auditivo, etc.

- *Resolver conflictos*

La mejor manera de solventar un conflicto es a través de una buena comunicación, esto se puede lograr gracias a la programación neurolingüística y las distintas formas en que se puede expresar el mensaje.

- *Superar miedos y traumas*

Independientemente del tipo de fobia o trauma que se padezca, con la programación neurolingüística es muy eficiente para canalizar los pensamientos y así, tratar de superarlos.

- *Mejorar para avanzar*

Una de las mejores cosas es poder canalizar las emociones, y es una manera de cambiar internamente para avanzar.

- *Capacidad para alcanzar los objetivos*

Sirve para reconocer las excusas ocultas que imposibilitan continuar con las actividades esenciales para alcanzar las metas.

- *Cambio de mentalidad*

Mediante la programación neurolingüística la persona empieza a ver más allá de sus límites, y se da cuenta de todo lo que se ha estado perdiendo por seguir un tipo de mentalidad no muy abierta a los cambios.

El uso de la programación neurolingüística se ha convertido en una herramienta muy atractiva para aplicarla no solo en nuestra vida personal, sino también en cada aspecto de ella y trascender a muchas áreas y contextos sociales, para mejorar nuestros hábitos, pensamientos y cómo comunicarnos con los demás.

Esta metodología sin lugar a dudas puede cambiar las actitudes y comportamientos de una persona para bien, aparte de generar patrones y habilidades de pensamientos para adquirir nuevos conocimientos y lograr los cometidos propuestos. Actualmente, la programación neurolingüística se puede ver aplicada en diversos campos, sobre todo para lograr una óptima administración de las ideas, pensamientos, emociones, desarrollo creativo, liderazgo, perfeccionando el aprendizaje y la comunicación. En campos como la psicología con el desarrollo conductual y emocional de un individuo, en el deporte o actividades físicas con la motivación, en el área comercial para persuadir al momento de vender o comprar un producto, en la educación impartiendo conocimientos, en fin, en muchísimos más ámbitos se puede aplicar esta metodología, tanto a nivel individual como a nivel grupal.

En general, la programación neurolingüística se utiliza como un método para el desarrollo personal a través de la "mejora" de las habilidades propias, que tiene como objetivo tener una mayor confianza en sí mismo y una mejor comunicación con los demás.

Capítulo 4: Analizando a otras personas

El estudio de la conducta humana puede ir desde cómo se muestran las personas con un trastorno de la personalidad, hasta considerarlo un acto esencialmente humano, no orientado a otro individuo. A partir del comienzo de la evolución del ser humano, mediante la investigación se ha intentado buscar, comprender y visualizar su conducta y comportamiento, en tal sentido, esto ha hecho prevalecer las condiciones en el crecimiento del ejercicio, para hacer de ellos una buena forma de convivencia, cabe considerar sus enterezas, para condicionar la apariencia y así, de esta forma tratar de aplicar las extenuaciones, extender la atención en los momentos en los cuales naturalmente una persona puede fallar.

Ahora bien, en el ser humano se manifiesta un componente importante como lo es la conciencia, puesto que, se encuentra igualmente en un recorrido entre los seres humanos. Es por esto, y para que exista un vital y buen crecimiento debe de haber una transformación de conciencia, por ende, hay que entender lo que significa la conciencia en el ser humano. En este sentido los acontecimientos más importantes que necesitan nuestra asiduidad encajen en la conciencia de cada individuo.

Por lo que se refiere al comportamiento social se puede decir que es el conjunto de patrones de conducta que disponen la relación entre los individuos que constituyen un grupo, es decir, el modo de actuación de este en su totalidad con respecto al ambiente en el que habita el individuo. El medio de comunicación entre las personas ha acogido muchas maneras, pero las más importantes y las que aún predominan se engloban en comunicación verbal y no verbal.

Comunicación verbal

El ser humano hace el uso de la comunicación verbal por medio de las palabras para la interacción de manera constante a la forma en las que se usa dependiendo del entorno. Este tipo de comunicación se utiliza de dos maneras: la oral que significa el uso de palabras, o las escritas que es el medio de representación gráfica de signos. La comunicación oral disfruta de una amplia conformación de elementos tales como: lloros, risas, gritos, silbidos, sonidos vocales, exclamaciones, entre otros. También se puede manifestar en infinidad de ocasiones. En efecto, el lenguaje articulado es donde se utilizan representaciones con formas fonéticas, sus ruidos organizados ayudan a dar lugar para formar sílabas, y así poder manifestarse entre los mismos sujetos.

En el mismo orden de ideas, una de las formas de comunicación oral y quizás la más desarrollada y clara para entenderla seria el idioma, el cual se puede reemplazar por el lenguaje formal y articulado. Se puede señalar, que hoy día la comunicación verbal se está transformando y ampliando a un sistema más eficaz debido a la innovación que proporcionan los avances informáticos. Es decir, a través de recursos como el correo electrónico, el chat y otros medios de traspasar mensajes que se caracterizan por su rapidez.

Este tipo de comunicación se destaca por las interacciones entre los involucrados que pueden ser 2 o más individuos, es fundamental y de vital importancia para las relaciones sociales, por este motivo se encuentra en la vida diaria de todas las personas. Aunque cada una de las especies tienen su manera única de comunicarse, el lenguaje es una manifestación humana, la cual permite de esta manera, comunicar un mensaje con una gran precisión y de manera entendible para el resto, se pueden transmitir experiencias, conocimientos, emociones, etc. Aparte de poderse utilizar para indagar, discutir, informar cualquier tipo de tema, es imprescindible para impartir aprendizajes y enseñanzas, igualmente para la construcción de uniones y relaciones con las demás personas.

En el contexto actual existe bombardeo de ideas e información que se genera de manera constante y sin pausa, de aquí proviene la presión de querer comunicar todo a una velocidad muy alta y que llegue al objetivo. Para agilizar este proceso se requieren de los avances tecnológicos, en ellos se destacan la limitación del espacio, ya que no es necesario estar presentes físicamente los interlocutores en un mismo sitio, y la inmediatez; que la velocidad en que se transmite la información por la red.

Existen personas que dominan de una manera sorprendente la comunicación, llevándolas a compararse igual que una obra de arte, por esta razón logran expresar sus ideas con un mensaje preciso, conciso y de manera exitosa. Sin embargo, también existen individuos que no poseen la misma habilidad oratoria, es por ello que se diseñaron una diversidad de métodos para ayudar a mejorar la forma de expresar la información. Para lograr desarrollar esta habilidad es importante enfatizar en el trabajo comunicativo de cada persona, y aprender a adaptarlo a cada nuevo contexto que se presente. La manera en que un individuo se comunica con otros va influencia por su actitud y comportamiento, dejando su marca personal en cada mensaje.

Algunos de los beneficios que aporta saber comunicar una idea, pensamiento o mensaje son:

- Disminuir el nerviosismo y la timidez.
- Saber adaptarse a los cambios de contextos.
- Conectar el mensaje con el interlocutor correctamente.
- Utilizar diversos tipos de recursos verbales, del mismo modo con los no verbales
- Lograr perfeccionar el arte de hablar
- Entre otros.

Si el emisor del mensaje no tiene una oportuna preparación se pueden generar malentendidos dentro de la comunicación. Esto suele suceder por opiniones subjetivas, poca utilización de palabras, diferencias, técnicas deficientes, y esto lleva a su vez, interrupciones en el acto de la comunicación y la mala recepción del mensaje.

Uno de los motivos principales para que se genere confusiones al momento de comunicarse son los limites o barreras del lenguaje, es decir, las diferencias entre un idioma y otro, los términos mal implementados, la ubicación geográfica, el grado de educación del individuo, entre otras cosas que hacer delimitar la comunicación incluso si se habla dentro del mismo idioma.

Comunicación no verbal

Esta comunicación se trasmite por medios de signos visuales, es decir, no con palabras, son los gestos o el uso de la escritura. De modo similar, la comunicación se fundamenta en una misma finalidad, a fin de que el mensaje sea procesado de una manera a quien está determinado y pueda aceptarlo, a fin de que se entienda a través de una de las vías posibles de plática. En este orden de ideas y de manera independiente al tipo de comunicación que se adopte, es importante que dicho mensaje que se mande esté enviado de manera fluida y simple de entender. Por lo consiguiente, la comunicación no verbal se realiza por medios de los siguientes elementos tales como: los signos, gestos, movimientos corporales, sonidos y las imágenes sensoriales que incluyen tantos visuales, auditivas y olfativas, Es decir, que la mayoría de la comunicación se realiza con lenguaje no verbal y no con palabras.

En concordancia y de la misma manera, la comunicación no verbal de los seres vivos se integra a través de los sonidos, imágenes, luces, colores y gestos. Asimismo, se utilizan los procedimientos emblemáticos como las banderas, las señales y otros medios visuales de comunicación. En referencia, de estudios y experimentos realizados por el especialista Albert Mehrabian este descubrió que la comunicación no verbal está sobrevalorada en el mensaje.

Este tipo de lenguaje obedece a una variedad de funciones, generalmente existe cierta dependencia entre lo que expresa el cuerpo y lo que se dice de forma verbal, pero en ciertas ocasiones la comunicación no verbal pasa a estar en un primer plano y obtiene un mayor significado que la oral. Esta sirve de complemento, enfatiza o le otorga diferentes matices al mensaje, por ejemplo, no es lo mismo decir una afirmación y hacer un gesto de desaprobación; esto no tendría sentido alguno. En definitiva, se debe tener concordancia con lo que se dice y los gestos que se expresan. De igual modo se puede realizar una comunicación directa, ya que en algunas ocasiones las palabras quedan sobrando.

La sinergia entre la comunicación verbal y no verbal radica en que ambas comunicaciones serán siempre complementarias y en muchos casos indispensables para sus desarrollos y constantes progresos. Al mismo tiempo, es posible comunicar tanto a grandes grupos como a pequeños a la vez. De esta forma, los medios de comunicación seguirán transformándose, sin embargo, continuarán teniendo la base en la opción verbal y no verbal, cuyas diferencias permiten que estos sistemas sean tan libres como necesarios.

Comunicación paraverbal

Abrimos un espacio particular fuera de la comunicación verbal y no verbal para mencionar otro aspecto importante dentro de la comunicación. El lenguaje paraverbal se refiere al conjunto de sonidos emitidos en la comunicación. Por lo tanto, es un factor relacionado con el uso de la voz para comunicarse. El lenguaje verbal, de hecho, no está hecho solo de palabras, sino también por la forma en que modulamos y usamos la voz para comunicarnos. La importancia de la voz viene dada por varios aspectos:

- *El tono*

Que está influenciado por factores fisiológicos (edad, constitución física) y contexto. Por ejemplo, si una persona de una clase social más alta está hablando con alguien de una clase más baja, tenderá a tener un tono de voz más serio.

- *La frecuencia*

Fuertemente conectada al ámbito social. Para dar un ejemplo práctico, un empleado que habla con su empleador tiende a tener una frecuencia vocal inferior a la normal.

- *El ritmo*

Que otorga mayor o menor autoridad a las palabras habladas en un discurso. Por ejemplo, un ritmo lento y con oraciones intercaladas con largas pausas confieren solemnidad a lo que se dice.

- *El silencio*

Una parte importante del lenguaje paraverbal, cuyas características a menudo pueden ser muy ambivalentes y, sobre todo, los aspectos sociales y jerárquicos juegan un papel fundamental.

Muchos estudios muestran que el uso de la voz tiene un peso fundamental en la comunicación. En particular, muchos experimentos han demostrado que, en algunas circunstancias, más de un tercio de la comunicación pasa por el lenguaje paraverbal. Por lo tanto, la voz tiene un papel fundamental en la definición de su identidad. Es importante que primero reflexione sobre el hecho de que la comunicación es efectiva cuando todos los niveles (verbal, paraverbal y no verbal) son consistentes entre sí. Por lo tanto, si intenta modificar o controlar la comunicación paraverbal pero tiene un estado de ansiedad o preocupación, inevitablemente no podrá controlar su lenguaje paraverbal.

Canales de comunicación en el lenguaje corporal

Los seres humanos son capaces de enviar cantidad de mensajes sin menester de utilizar palabras, conscientes de ello o no. El lenguaje corporal es la facultad de transmitir información a través del cuerpo. Exhibe completamente las sensaciones y la percepción que tiene el interlocutor. De modo que, cuando el individuo se encuentra callado o tranquilo, las posiciones de cada movimiento en el rostro y en cada gesto que este haga, describen la apariencia por sí solo y denotan ser expresivos. A través de los siguientes canales el ser humano muestra su comportamiento y conducta:

- ***Expresiones faciales***

Cuando un sujeto se comunica con los demás hace que la atención se centre en el rostro de manera que el interlocutor, transmita cada movimiento a través de la emoción, específicamente ya que este es un indicador que procesa esa interacción entre las personas, debido a que en él se reflejan las siete emociones básicas universales: ira, sorpresa, alegría, miedo, tristeza, desprecio y repulsión. Todo esto ocurre instantáneamente de manera inconsciente, cada una de estas emociones genera su propio código, y es de vital importancia saber diferenciarlas para poder analizar el lenguaje corporal de manera correcta.

- ***Posturas***

El ser humano básicamente expresa postura corporal que lo lleva al estado emocional, predisposición y a la acción mediante actividades y satisfacción que indican las posturas expansivas; ya que las posturas de contracción se relacionan a la negatividad y la pasividad. Las cuales influyen en nuestro estado de ánimo y en la segregación hormonal. La postura tiene una gran influencia en la imagen personal, sobre todo para traspasar seguridad estabilidad y confianza.

- **_Gestos_**

En realidad, los gestos que realizan las personas permiten una comunicación de encuentros de sentimientos que conllevan a pensamientos que van desde la hostilidad como al desprecio, hasta llegar al punto de aceptar o rechazar. Incorporan el movimiento de las manos, la cara u otras partes del cuerpo. También se pueden señalar los gestos ilustradores que son aquellos que acompañan el discurso verbal, estos tienen una estrecha vinculación con la veracidad del sujeto. Ahora bien, y es por ello que se mencionan otros tipos de gestos los cuales el sujeto utiliza como reguladores que son los que dirigen la intercomunicación mientras que los adaptadores manipulan el cuerpo para orientar las emociones que representan y se manifiestan el apego con los que difunden los sentimientos, ya que tienen su propio significado, sin que estos tengan la obligación de utilizar las palabras que sean significativas para el proceso de dicha comunicación.

- **_Háptica_**

Resulta de un conjunto de sensaciones no visuales y no auditivas que experimenta un individuo. También significa todo aquello referido al contacto, especialmente cuando éste se usa de manera activa. Ahora bien, su influencia en la forma de relacionarnos resulta imprescindible al momento de establecer intimidad, revela información muy sensible y muestra compromiso, como la posición de dominio en la interacción a través del tacto.

- **_Apariencia_**

El aspecto de un individuo denota sus características: cultural, profesión, condición social, económica, edad, sexo, origen, entre otras. En igual forma la apariencia es un medio de la comunicación que influye en el esfuerzo, avance social y la normativa por la igualdad de las personas, si bien es cierto, la impresión de una persona es la primera que se nota, esto hace pensar que no exista otra oportunidad de la impresión dada. Por otra parte, si se intenta extraer la imagen cuya apariencia es la principal causa de información al momento de un primer impacto sobre de alguien.

- *Paralenguaje*

En relación al paralenguaje se puede decir que es un grupo de componentes no verbales presentes en la voz, el elemento vocal de una charla basado en diferentes puntos tales como el ritmo, la intensidad del volumen, la rapidez y la entonación, igualmente en conjunto con las expresiones faciales. Todos estos factores revelan la importancia de la información que queremos transmitir, incluso cuando se quiere ocultar ciertas emociones. Como ejemplo, al realizar una conversación telefónica con un familiar cercano, con el simple hecho de escuchar el tono de voz se puede percibir la emoción que presenta en el momento, ya sea buena o mala. El tipo voz utilizado por una persona tiene un fuerte impacto en el proceso comunicativo, ya que genera la credibilidad de la idea que se desea plantear.

- *Proxémica*

Este canal del lenguaje corporal se refiere a la proximidad que existe entre los integrantes del proceso comunicativo, el cual muestra cuan cerca o cual lejos puedan interactuar las personas. Este concepto se origina gracias a la antropología, y anuncia la utilización del espacio físico. Cada una de las personas tiene delimitado su espacio personal que puede variar dependiendo de las circunstancias y el estado de ánimo del individuo, se debe tomar en cuenta cualquier signo de molestia que genere esta aproximación.

Utilidades del lenguaje corporal

Es indudable el dominio del lenguaje corporal y de la conducta no verbal en la conexión del ser humano. Y resulta de gran utilidad en diferentes tareas de la sociedad. Se puede señalar algunas de las siguientes:

- Informarse de la identidad de cada individuo.
- La capacidad de relacionarse ante el medio que lo rodea.
- Obtener el entendimiento y la precisión del lenguaje.
- Tramitar la intercomunicación entre los diferentes medios.
- Transmitir sentimientos y emociones entre las personas.
- Inducir en las personas y en sí mismo.
- Etc.

El predominio de los elementos de comportamiento no verbal en el ser humano se caracteriza por la aplicación en todos los espacios del conocimiento, y en cualquier terreno de existencia de la persona ya sea en su vida pública, privada o profesional. Inclusive el interés que genera el manejo correcto de dicho lenguaje. Se pueden mencionar algunas de las áreas de aplicación del lenguaje corporal, que son de importancia para la vida cotidiana del individuo.

- Conversación y conexiones personales.
- Aprendizaje y educación.
- Salubridad y tratamiento.
- Estabilidad y métodos de reanimación.

- Convenios y dictamen de disidencia.
- Esmero y talentos humanos.
- Etc.

Comportamiento humano

Desde el nacimiento hasta la edad adulta, hemos experimentado innumerables cambios, es a partir de este proceso que, poco a poco, definimos nuestra personalidad, rasgos característicos, carácter y reacciones a los desafíos que se nos presentan. Todas estas transformaciones y definiciones están influenciadas por el entorno en el que estamos insertos, las personas con las que interactuamos, los detalles de nuestra cultura y las situaciones a las que estamos expuestos. Por lo tanto, cada uno de estos factores influye en el proceso de construcción del comportamiento humano, tanto a nivel individual como colectivo. Algunos de ellos son instintivos, como apartar rápidamente la mano al tocar una superficie caliente. Otros se consolidan en base a repeticiones y definiciones sociales de lo correcto y lo incorrecto, moral o inmoral.

Como último recurso el ser humano a través de su comportamiento, lenguaje corporal y su conducta no verbal ha permitido que se infiera en la conciencia y en su personalidad, las cuales en muchas ocasiones resulta ser provechosa más que las palabras. Como se ha venido expresando durante mucho tiempo las expresiones del cuerpo de cada individuo en su propio lenguaje corporal, por consiguiente, la capacidad de percepción alguna vez presenta una gama de elementos que hacen que el ambiente sea intrínseco.

En este orden de ideas, cabe considerar que el ser humano durante su comportamiento hay momentos que manifiesta una conducta excesiva y automatizada de su control, por lo tanto, lo hace parecer como un aparato de estructuras de hierro, donde él pueda manejar sentimientos de tristeza, alegría o angustia entre otros. A pesar de todo, una característica que interpreta la mente es que ella presta atención a una cosa y al mismo tiempo se desatiende de lo otro. La mente tiene la facultad de ser sensato de cada uno de las actividades que la persona realiza, es decir, el desarrollo de su propia razón. Y también rehace los recuerdos como si fuera hechos que se proyectan por medio de imágenes, puesto que se llega al punto de una realidad y puede ser sometido diferentes posturas.

Estudios realizados por especialistas, detectaron que existe en una parte del cerebro, una receptividad en el individuo que hace que se interese únicamente por la supervivencia. Puesto que, los alimentos, la vida sexual y las acometidas están relacionadas especialmente a ella. Con relación a los hábitos en la conducta de la persona, se presentan que estos pueden ser malos o buenos y se mantendrán en la vida de manera permanente, pero no quiere decir que no sean cambiantes ya que la razón la tendrá siempre el inconsciente.

Algo semejante ocurre cuando el inconsciente es más veloz que el consciente. Un ejemplo de ellos es cuando un comerciante ofrece un artefacto eléctrico y lo promociona como el mejor del momento, asegurando, que es una magnifica adquisición, mientras que en la mente se imagina que algo está mal. Esto quiere decir, que aparece el llamado presagio que no es más que las señas que envía el inconsciente para manifestar algo malo.

Se vincula un elemento que por ende el ser humano desarrolla de manera natural, como lo es la tristeza; esta hace que la mente sea más vulnerable a la hora de convencer al individuo. Poniendo como ejemplo cuando la persona pierde algo muy importante en su vida, presentando emociones y sensaciones desagradables. Es por esto, que se hará más dócil para proceder a decidir y controlar el sentimiento. Ya que, en los seres humanos existen personas decididas como también las que son indecisas. En concordancia a lo expuesto, una mente tranquila y en armonía estará siempre eficiente y productiva, no funciona bajo presión.

Las personas están representadas por un sistema de factores que determinan la conducta del individuo. Resaltando algunos de ellos a continuación:

- *Factores biológicos o internos*

   Estos se caracterizan por ser los encargados de incorporar cualquier transmisión por vía de la herencia biológica o psicológica.

- *Factores ambientales o externos*

   son aquellos que corresponden a un sistema de diversos medios tanto en lo social, cultural y físico.

En consecuencia, el comportamiento del ser humano se materializa y se fundamenta por medios de estos factores que hacen que cada individuo represente una transcendencia de diversos medios que lo conlleven, es por esto que la familia juega un papel importante tanto en la vida de cada persona como en su entorno. Se puede decir que es base fundamental de la sociedad. Un palpable ejemplo de ellos es donde la armonía del hogar hace que un niño crezca de forma normal para así adopte una conducta positiva al llegar a la adultez. Se puede inferir que la socialización es un medio que permite la enseñanza a través del aprendizaje que el sujeto adopte como una serie normas y de convivencias con el grupo familiar o el que se desenvuelva en su alrededor. En otras palabras, en el sistema nervioso no se puede indagar la conducta humana ya que si no conocen básicamente organismo de este sistema.

Características psicológicas de las personas

El ser humano es la formación más profunda y complicada sobre la faz del mundo, su mente se caracteriza por ser una sustancia de acoplar el cerebro mediante las conductas que el mismo presenta durante su desarrollo de vida, adoptando así características psicológicas que no más que las peculiaridades que describen a cada individuo y diferenciarlo de cada uno. Si bien es cierto, la psicología por su naturaleza siempre va a generar cambios en la conducta humana, siendo su influencia para determinar los cambios que desde niños, adolescentes, adulto y ancianos adopten intereses sobre su comportamiento.

Las características psicologías se pueden señalar como todas las cualidades sobresalientes que puede llegar a tener un individuo durante determinado periodo de tiempo, las cuales logran hacer destacar a dicho individuo de los demás. De tal forma se puede apreciar completamente esta distinción en su ser, para así, lograr agrupar a las personas calificadas para cierto tipo de actividad, bien sea física o mental. Nuestra forma de actuar no es estática, lo que sería una elección hoy puede que ya no sea mañana. Los comportamientos que son aceptados por un niño pueden no ser bien considerados cuando son realizados por adultos. Todo esto es parte de la complejidad inherente a nuestra existencia. Por lo tanto, vale la pena analizar algunas diferencias percibidas en diferentes etapas de la vida.

- ***Niñez***

En nuestros primeros años, todavía tenemos poca autonomía o incluso conciencia para desarrollar comportamientos que puedan ser más que instintivos. Durante esta etapa la psicología se adecua a la edad, los niños poseen una ingenuidad y pensamientos muy apartados de la realidad, esto les facilita la imaginación y pueden fantasear con su entorno en una realidad muy alterada. Sin embargo, la infancia también es un período de aprendizaje intenso. La mayoría de las veces, observamos el comportamiento de los adultos e intentamos reproducirlo. Así es como asimilamos nuevos conocimientos y posibilidades de acción. Todo esto hasta que llegamos a la adolescencia y descubrimos un mundo previamente desconocido.

- *Adolescencia*

La realidad que perciben los adolescentes es muy distinta y elevada que la de los niños, su conducta es muy versátil y cambiante, con algunos aspectos depresivos o libertarios; queremos más libertad y sentimos la necesidad de tomar decisiones por nuestra cuenta. Durante esta etapa se desarrolla la identidad sexual, igualmente el deseo generando enamoramientos efímeros y muchas pasiones, las relaciones sociales se están intensificando y requieren nuevas actitudes. Seguimos este ritmo de constantes noticias y descubrimientos hasta que llegamos a la edad adulta, en la que los nuevos objetivos y el comienzo de la vida profesional traen diferentes perspectivas.

- *Adultez*

La madurez es una de las características que se exige constantemente a quienes se convierten en adultos. Aquí, la libertad anhelada es una realidad y requiere acciones y pensamientos propios. Una persona adulta se concentra en sus roles dentro de la sociedad y su aspecto psicológico se simplifica en la responsabilidad, sus pensamientos son más realistas y predispuestos a solventar los problemas que se puedan presentar, desvalúa los sueños y las trivialidades innecesarias que marcaron en su adolescencia. La necesidad de encontrarse en una profesión y cumplir con las expectativas de familiares y amigos son aspectos que pesan y tienden a moldear el comportamiento humano en esta etapa. Con eso, los cargos también se multiplican y definen gran parte del camino elegido a seguir. El objetivo, por supuesto, es lograr el éxito, independientemente del concepto individual que se requiera.

- ***Vejez***

En esta etapa, el pensamiento y formación psicológica varía demasiado, pero a la vez está muy reforzado, se puede denotar un asentamiento de saberes muy amplio o quizás un deterioro debido al progreso de la edad. Al mirar el pasado, cuando se ha llegado hasta aquí, es posible que el individuo se dé cuenta de que su forma de ser y actuar ya no es la misma que antes.

Cómo leer a las personas

Todo lo que una persona dice al hablar es menos de la mitad de lo que en realidad quiere transmitir. Los estudios han demostrado que un alto porcentaje de lo que se pretende comunicar proviene solo del lenguaje corporal, anteriormente se mencionó que todo esto sucede de forma inconsciente y el individuo no se da cuenta de todo lo que su cuerpo está comunicando. Después de todo, hay tantas variables y misterios que involucran nuestra forma de ser, actuar y comunicarnos que es prácticamente imposible darse cuenta de toda esta complejidad. Aun así, nada nos impide comprender algunos aspectos generales y buscar comprensión sobre cómo funciona el comportamiento humano, la comunicación y cómo se ve influenciada. A continuación, se desglosarán algunos de los gestos y comportamientos que suelen ocurrir cuando se trata de transmitir un mensaje, de tal modo, esto servirá también para analizar a otras personas y tratar de descifrar el verdadero mensaje que pretenden comunicar.

- ***Señalar con el dedo***

Cerrar el puño y apuntar con el dedo denota un intento de ejercer dominación hacia la otra persona, esta acción es utilizada para tratar de subyugar, en conjunto con lo que se dice al momento. Esto genera sentimientos negativos en los otros por ser un gesto agresivo, en ocasiones es una antesala para un ataque físico.

- ***Encoger los hombros***

Hacer este gesto es una señal inequívoca y universal de no tener idea de lo que está pasando o lo que están escuchando.

- ***Mirada fija***

Si alguien mientras está hablando mira fijamente al interlocutor esto quiere decir que está mintiendo, utiliza este gesto para evitar verse falso. Muchas veces ciertos individuos fijan la mirada a consciencia para incomodar al otro, igualmente pueden dejar de parpadear.

- *Palmas al descubierto*

Tener las palmas de las manos abiertas y al descubierto es una buena señal de honestidad. La mayoría de las veces al realizar un juramento se hace alzando y mostrando la palma de la mano derecha, es debido a que una palma abierta está vinculada con la verdad y la lealtad.

- *Sonrisa falsa*

Para saber si una sonrisa es falsa se debe observar detenidamente la ausencia de arrugas alrededor de los ojos. Es muy difícil (para no decir imposible) sonreír cuando se es ordenado u obligado y que sea una sonrisa verdadera, por esta razón algunas fotografías salen extrañas. Las circunstancias o las personas del entorno influyen en la sonrisa. Cuando esta es verdadera se arrugan los ojos, si es fingida no.

- *Molestia o estrés*

El cuello tensado, el ceño fruncido y una mandíbula cerrada denota alguna molestia o estrés, todo esto se vincula con el sistema límbico del cerebro, y demuestra inconformidad.

- *Cejas levantadas*

Expresar sorpresa, preocupación, inconformidad o miedo, la mayoría de veces puede hacer que las personas levanten las cejas de manera inconsciente.

- *Contacto visual*

Básicamente demuestra interés en algo o alguien, pero dependiendo de las partes involucradas este gesto se puede interpretar de forma positiva o negativa y generar diferentes tipos de reacciones. Que un desconocido haga contacto visual con alguien puede ser incómodo o amenazante, en cambio sí lo hace alguien cercano y especial puede provocar un sentimiento positivo.

- *Rascar o tocarse la nariz*

Es un indicativo de que alguien puede estar mintiendo. Al momento de mentir se segrega una sustancia llamada catecolamina, esto hace inflamar el tejido de la parte interna de la nariz, generando molestia o picor.

- *Tono de Voz*

Si el tono de voz oscila subiendo y bajando puede significar que la persona siente interés en lo que está diciendo, igualmente si su tono siempre es muy bajo puede denotar desinterés.

- *Piernas cruzadas*

Generalmente las piernas cruzadas son una señal de que la persona tiene una baja receptividad, está cerrada mental, física y emocionalmente, generan resistencia y señala que no estará dispuesta para una negociación.

- *Imitación*

Cuando dos individuos comparten intereses o sentimientos entre sí, suelen imitar el lenguaje corporal entre ellos, sus movimientos y posturas tendrán muchos parecidos. Esto sirve para darse cuenta si alguien es de agrado.

- *Posar*

Una persona al realizar una pose quiere demostrar su logro o poder, es una forma clave para indagar sobre sus sentimientos, esto puede generarle más confianza. Se ve muy seguido en los deportistas cuando logran un triunfo para sus equipos.

- *Pierna temblorosa*

Al hacer temblar seguidamente una o ambas piernas demuestra un estado de inestabilidad, irritación o ansiedad, incluso todas estas juntas.

- *Gesticular*

Ser muy gestual demuestra una conexión real, esta atracción no se comunica con solo un gesto, sino una agrupación de estos o una secuencia. Si una persona hace contacto visual, luego baja la mirada y se toca el pelo es señal de nerviosismo y atracción.

- *Brazos cruzados*

Generalmente denota una señal de defensa, pero todo dependerá del contexto. A pesar de que cruzar los brazos es señal de que alguien no quiere hablar, puede ser también un reflejo de sentir frío o solamente para descansar los brazos. Todo depende del contexto.

- *Taparse o tocarse la boca*

Si esto sucede mientras se está hablando, es una señal de un intento de ocultar cierta información.

- *Humor*

Si una persona se ríe mucho y fomenta el humor es que de verdad siente interés, igualmente si es reciproco. El humor tiene un papel importante en desarrollo del ser humano.

- *Autoridad*

Las personas que sienten alguna autoridad o liderazgo real o impuesto, generalmente adoptan una postura erguida y firme, igualmente al caminar, estas lo hacen con premeditación, realizan también movimientos medidos con sus manos, y mantienen sus hombros y mentón levantados.

- *Tocarse la oreja*

Es un gesto inconsciente que se realiza debido al ansia de dejar de escuchar lo que se está oyendo. Si alguien lo hace es porque no quiere seguir escuchando más.

Capítulo 5:
Manipulación y persuasión

El hombre desarrolla conductas que los hacen ser personas con comportamientos de extremos argumentos malintencionados, la manipulación y la persuasión son unas de ellas. La manipulación comprende una serie de caracteres producidos por la intención cuando el individuo o sector toman para ellos el manejo de dicho control de su propio comportamiento o a su vez el de las demás personas. El propósito de la persuasión va enfocado a emplear mecanismos que puedan convertir la posición de un sujeto.

Manipulación

La manipulación es un modo que se usa sutilmente y, a veces, inconscientemente, para inducir a otros a hacer o decir cosas diferentes más allá de su control. El individuo que usa este tipo de violencia psicológica (porque esto es lo que es), tiene como objetivo satisfacer sus propias necesidades también a expensas de los demás. Es considerada como la actuación del individuo sobre otro, que influye básicamente en su comportamiento porque utiliza su medio para envolverlo y crear en la otra persona un estado de conciencia y apego hacia este. No obstante, la manipulación no todo el tiempo se realiza de manera intencional o consiente, ya que en algunos casos las personas carecen de esa consciencia o demuestran esa necesidad para sentirse seguro de sí mismo.

Estas actitudes suelen surgir desde la niñez, mecanismo utilizado como medio de defensa. Inclusive juzgar el carácter de alguien que sea manipulador convierte a ese individuo en un ser poco honesto, por ello, es que en algunos casos son de lo peor e inmorales. No obstante, la manipulación está sujeta siempre a situaciones que llevan al manipulador a hacer creer a los demás que son culpables y que no pueden cargar con la culpa.

La manipulación es un juego para dos. Uno (el manipulador) necesita mantener una alta autoestima y alcanzar sus objetivos a cualquier precio, el otro (el manipulado) tiene una gran necesidad de aprobación. Este mecanismo lleva al manipulador a hacer lo que quiera con su víctima, y esta consentirlo deliberadamente. El sujeto manipulador puede ser cualquiera: desde un jefe, un amigo, un vecino, un compañero hasta un pariente. Estas es una persona que tiene dominio completo sobre técnicas específicas que utiliza para confundir y lograr sus objetivos. Precisamente por su habilidad para usar estas técnicas y disfrazarse es muy difícil de identificar.

Se puede mencionar como ejemplo, una propaganda que directamente manipula al cliente, cuando se le dice que debe comer hamburguesas, ya que es un alimento rico en vitaminas y minerales, sabiendo que esto es una mentira y una forma de manipulación para que la persona compre dicho alimento. De igual forma sucede con los cigarrillos que son nocivos para la salud. Estos ejemplos de manipulación ofrecen y distribuyen el rumbo de deshonestidad. En algunos casos la manipulación no es perjudicial, mientras que en otros casos si lo es. En este orden de ideas se puede adicionar como ejemplo, la manipulación política, ya que esta fomenta la división y debilidad entre los individuos que tienen una ideología diferente.

¿Porque la gente manipula?

La manipulación es un comportamiento complejo que subyace a varias motivaciones. Muchas personas manipulan a otros porque:

- Quieren sentirse poderosos y experimentar cierto grado de superioridad en las relaciones.
- Quieren tener control sobre las relaciones y la toma de decisiones de los demás.
- Desean tanto alcanzar sus objetivos que no les importa hacerlo a expensas de los demás.

Sin embargo, detrás de estas razones hay una imagen psicológica aún más compleja. De hecho, muchas personas manipulan porque tienen miedo. Temen que, si no intervienen manipulando el campo de juego a su favor, no obtendrán los resultados deseados.

La madre que manipula al hijo fingiendo estar indispuesta para mantenerlo a su lado, en realidad tiene un profundo temor de que el hijo lo abandone. El trabajador que trata de manipular a su jefe hablando mal de sus colegas en realidad teme perder su trabajo o no ser promovido. La manipulación es una especie de atajo relacional y comunicativo en el que la persona logra rápidamente lo que quiere, pero, a largo plazo, generalmente conduce a resultados opuestos porque cuando alguien se da cuenta de que está siendo manipulado, la relación que quería mantener se ve comprometida. Por lo tanto, la manipulación nunca es la solución.

Manipulación inconsciente

Manipular a una persona es una acción que puede llevarse a cabo incluso inconscientemente, pude ser el caso de aquellas personas que, sin darse cuenta, presionan a otros para que tomen algunas medidas. Por ejemplo, una madre que requiere de la ayuda de su hijo para realizar los quehaceres podría, si una solicitud explícita no funcionara, implementar una especie de chantaje emocional. Podría ser, el lanzamiento de mensajes pasivo-agresivos, tales como: *"si realmente quisiera, no lo harías"*. Tales oraciones pueden parecer inofensivas, pero en realidad, pueden provocar un sentimiento de culpa en la otra persona que las empujará a satisfacer la solicitud realizada.

Quienes usan estas técnicas de manipulación mental, incluso si no son plenamente conscientes de ello, desean obtener una posición de poder en una relación. Como lo demuestra claramente el ejemplo descrito, el chantaje emocional de este tipo les ha sucedido a todos, al menos una vez. Y todos nosotros hemos sido manipulados alguna vez y ser los manipuladores.

Por otro lado, el control mental real que algunos individuos desequilibrados pueden ejercer voluntariamente sobre otros, aprovecharse de ello y disfrutar de la situación creada es otra cuestión.

Manipulación voluntaria

Para algunos individuos, manipular a los demás es una práctica tan inherente, que incluso forma parte de la estructura de su personalidad. Son individuos con connotaciones psicopáticas, no en el sentido psiquiátrico del término, sino con predisposiciones antisociales y caracterizadas por su narcisismo. La característica básica de las personas que actúan de esta manera es la creencia de que todo se les debe. Tales individuos comienzan con la suposición de "merecer" que otros hagan todos los sacrificios posibles para ellos y, algo increíble de pensar para aquellos que no son parte de la categoría, sin siquiera expresar agradecimiento a cambio. No sienten empatía y a menudo tienen un sentido moral contradictorio y no entienden ni comparten las reglas sociales más comunes. Por lo general, las víctimas de estos individuos son precisamente las más ingenuas y con muchas inseguridades, que se emocionan fácilmente y que, por lo tanto, tenderán a notar demasiado tarde que han estado siendo "utilizadas" de manera oportunista.

Características de personas manipuladoras

Lo peligroso de las personas manipuladoras es que generalmente no tienen ningún tipo de escrúpulo. Cuando pueden localizar a una víctima potencial, buscan inmediatamente sus debilidades para explotarlas a su favor y obtener un beneficio personal a través de la manipulación emocional. Todo esto lo va haciendo gradual y lentamente, envolviendo a la víctima con palabras y gestos que le generen más empatía, estas son tácticas que utilizan para lograr sus terribles objetivos.

Aunque todos somos conscientes de lo dañino que puede ser para nuestra vida encontrarse con este tipo de personas, no es fácil identificarlos a primera vista para comprender que estamos tratando con uno de ellos.

- Estas atienden a las personas a quienes solamente les importan.
- No manifiestan y esconden sus verdaderas intenciones.

- Hacen que las personas duden de sí mismo.
- Tienen una capacidad para detectar la inseguridad y debilidad de los demás individuos.
- Son especialistas en la denegación.
- No les gusta participar en un tema que no le genere interés.
- Emplean la ironía como fuente burla.

Tipos de manipuladores

El ser manipulador es una personalidad patológica que se alimenta de la vitalidad y las emociones de sus víctimas. Poco a poco los vacía de toda energía hasta que se sienten mal y oprimidos después de perpetuar acciones continuas de desprecio, crítica y chantaje, alternándolos con momentos caracterizados por una fuerte atracción y deseo de relación, solo cuando lo crean necesario.

Tiende a pasar por la víctima y siempre atribuye la causa de sus errores a los demás, sin asumir la responsabilidad de ellos. En las discusiones no acepta el rechazo y quiere tener la última palabra a costa de cambiar repentinamente su opinión y mentir para deformar la realidad para su uso y consumo. Todos los individuos manipuladores son diferentes, y hacen uso de diversas estrategias y comportamientos dependiendo de su carácter:

- *Manipulador comprensivo*

Se muestra como un individuo que está a gusto consigo mismo y el resto, su comunicación es fluida, es extrovertido y social, atractivo e intenta entrar en intimidad de inmediato haciendo confidencias y cumplidos a su propia presa. Su objetivo es pedir pequeños favores en una atmósfera de confianza y complicidad después de darte algunos regalos o escuchar. La manipulación comienza a surgir cuando la víctima se da cuenta de que solo hay espacio para él y sus necesidades en la relación, desde el momento en que no se les paga, romperá todo contacto.

- *Manipulador seductor*

Es el típico centro de atención, atractivo, bien vestido, distribuye cumplidos, toma lo que quiere de los demás, pero no a cambio. Su víctima es un objeto que debe eliminar para alimentar su baja autoestima.

- *Manipulador altruista*

Aparece como una persona que siempre está disponible, que se sacrifica por los demás, siempre está en el lugar correcto cuando alguien lo necesita tanto que ni siquiera es necesario preguntarle nada, evita cualquier situación. Su generosidad es evidente porque después de un tiempo siempre pide algo a cambio, exigiendo sacrificios mucho más significativos en el curso de la relación de lo que inicialmente hizo.

- *Manipulador culto*

Suele ser una persona culta, sutilmente arrogante y despectivo de quienes creen que no está en su nivel de cultura. Utiliza un lenguaje hábil, cita continuamente, exhibe sus calificaciones educativas, lo que hace que su interlocutor se sorprenda. Cuando se trata de temas que no conoce en profundidad, prefiere cambiar el tema por temor a ser descubierto.

- **Manipulador tímido**

Es un tímido aparente, reservado en un grupo, prefiere observar y no intervenir, usa un interlocutor para expresar su punto de vista y llevarlo a su víctima. Requiere protección, pero al mismo tiempo es muy crítico y se complace en insinuar sospechas y crear desacuerdos entre las personas.

- **Manipulador dictador**

Sus comportamientos son violentos y agresivos, critica y ofende a sus interlocutores, consciente de su actitud, no duda en perpetuarlo a pesar de darse cuenta de que está sufriendo por quienes lo rodean. Se halaga cuando necesita un favor y rechaza a cualquiera que valore débil y emocional. Sus ideas son absolutas, sostiene la verdad y no acepta las críticas.

- **Falsas víctimas**

El objetivo de estas personas es dar lastima.

- **Indagadores de atención**

Es la persona que finge tener un interés hacia un individuo para el cual no lo tiene, y lo hace con la intención de que esa otra persona se interese por él.

- **Autoridades en la materia**

Es el tipo de manipulador que utiliza la falsedad para liderar y dominar a los demás.

- **_Manipuladores de cámara de ecos_**

Son los que, a través de atemorizar, intimidan a otros para lograr sus objetivos y de esta forma perjudicar a los demás.

- **_Desprestigiadores_**

Se caracterizan por ser manipuladores que hablan mal de las demás personas con otras, para así dañar su imagen y no tener rival.

- **_Manipuladores de falso premio_**

Estos individuos se distinguen por ofrecer premios o recompensas y cuando la persona cae en la trampa estos se desaparecen.

- **_Aduladores_**

Estos se esmeran en poner a sus víctimas en un alto nivel para que estos se crean que son importantes, y de allí se sientan con deuda.

- **_Trileros argumentativos_**

Son las personas que utilizan estrategias para afirmar y jugar con la distracción de sus víctimas.

- **_Manipulador invisible emocional_**

No son fáciles de detectar ya que sus emociones a la hora de manipular las ocultan, y utilizan estrategias en silencio con el fin de poder manejar la situación a su antojo y de manera exitosa.

El individuo manipulador puede asumir diferentes roles que caen dentro de los modelos mencionados anteriormente, como si de una máscara se tratase, todo esto es solo para perseguir su único propósito: afirmarse a toda costa.

Rasgos y comportamientos de un manipulador

Las personas manipuladoras en su comportamiento suelen presentar algunos rasgos que los identifican con sus actitudes de absorber a sus víctimas por medios de sus poderes de convencimiento. Dicho de esta manera, el manipulador convence a los demás de lo que él desea que a la otra persona le convenga, en algunos casos la persona cae en cuenta que no esta es su voluntad lo que está haciendo.

Aparentemente se muestra como una persona carismática, respetable, precisa en el trabajo y cariñosa. En el nivel emocional, puede parecer la pareja ideal, la que siempre has estado buscando. En el nivel laboral, es muy hábil, escrupuloso e inclinado a una carrera brillante. Sin embargo, todo lo que al principio parecía maravilloso, a la larga, se convertirá en una verdadera pesadilla. El manipulador pronto comenzará a criticar, devaluar, hacer que la pobre víctima se sienta culpable, que se sienta responsable y aplastada. A continuación, estos son los rasgos y comportamientos más relevantes que identifican a una persona manipuladora:

- *Son hábiles con las palabras*

Los manipuladores conducen con poder la palabra. Siempre trabajando a su acomodo, para así engañar a sus víctimas. Estos individuos saben cómo usar las palabras correctas en el momento adecuado. Con su habilidad, logran convertir completamente un discurso y esto siempre sucede a su favor. Intentan engañar a sus víctimas distorsionando ideas y explotándolas en el lado emocional. Su objetivo principal es tener un control completo sobre la situación, a fin de obtener beneficios personales; todo esto siempre a expensas de sus víctimas. A propósito, crean un desequilibrio de poder y esto les permite aprovechar al máximo a la otra persona, al menos hasta que ésta se dé cuenta.

- *De ningún modo se dan por complacido*

Es improbable que las personas manipuladoras estén satisfechas y siempre intentan exprimirse hasta la última gota. Esta actitud se refiere a la satisfacción del ego; de esta forma logran obtener la manipulación total de sus víctimas. Cuando saben que tienen un control absoluto sobre su víctima, intentan explotarlo para sus propios beneficios hasta el límite, exigiendo cada vez más y más, un factor que generalmente lleva a la víctima a un colapso emocional. Esta persona manipuladora no se cansa con facilidad de su propia altivez y logra su objetivo. Creyendo que tiene el máximo control de todo.

- *Se hacen pasar por víctimas*

Este es el papel favorito de un manipulador y siempre se las arregla para interpretarlo de una manera impecable. Es una especie de chantaje emocional que revierte los roles y hace que la verdadera víctima se sienta como si fuera ella quien había cometido una injusticia hacia él. Continúan diciendo que las situaciones desagradables o las cosas que salen mal siempre son culpa de otras personas y que siempre son el blanco de estas injusticias. Con esta actitud logran despertar la sensación de lástima de quienes los rodean.

- *Muestra una imagen de necesitado*

Las personas manipuladoras se presentan como si fueran débiles en espíritu, que siempre necesitan apoyo y que dependen absolutamente de los demás. Si bien es cierto los manipuladores muestran esta actitud de debilidad del alma para conmover a su víctima requiriendo apoyo con rapidez, y por esa necesidad de ayuda con esa cara de inocencia hacen sentir mal a la otra persona, cuando en realidad no son más que unos depredadores. Táctica utilizada para que el otro individuo se sienta responsable de él abusando de sus buenas intenciones. Detrás de estas actitudes de conejitos indefensos se esconden verdaderos lobos manipuladores, que explotan tus buenos sentimientos, hasta el punto de que te sientes responsable de su persona. Por lo general, esta es su táctica para comprender cómo actúa y cómo reacciona.

- *Mentirosos por simplicidad*

Son personas que mienten con tal facilidad, que no muestran expresiones ni tono de voz que lo delaten al momento de cuando ellos están diciendo mentira. A menudo, alcanzan niveles tan altos que logran convencerse de sus propias mentiras y esto los hace aún más creíbles. Las mentiras son una constante en todo el proceso de manipulación. Debido al hecho de que no tienen escrúpulos, cuando se descubre que mienten, fingen creer que sus mentiras no son importantes y que no se han dicho con malas intenciones.

- ***Manipuladores viciosos***

Son individuos que carecen de moral y éticas al momento de pedirle a la víctima que abandone su necesidad que tenga para satisfacer la el, una vez logrado su objetivo este no agradece el esfuerzo que se hizo por ellos. Por consiguiente, tienen la capacidad de hacer creer a los demás que son vulnerables a las situaciones que se le presenten, y distorsionan para que estos caigan en sus chantajes y entren al juego de sus conveniencias. Manejan las emociones de los demás al punto que lo hacen sentir culpables por infundir sus deseos viciosos.

A menudo, la víctima no se da cuenta de que está siendo manipulada, a pesar de esto, puede sentir mucha ansiedad, una fuerte ira, una creciente sensación de incomodidad generalizada sin encontrar el tema de su malestar. A la larga, también pueden surgir trastornos psicosomáticos. Esto se debe a que, incluso si racionalmente no se da cuenta, el cuerpo ya ha entendido que hay algo mal y trata de mostrarlo de todas las maneras posibles. El aspecto negativo es que a menudo la persona tiende a ignorar estas señales y proceder con la racionalidad, justificando al manipulador, y este generalmente tiene una comunicación ambigua e inconsistente y un carácter pasivo-agresivo.

La manipulación es un mecanismo que el manipulador utiliza para afirmarse debido a la falta de confianza en sí mismo mientras parece resuelto y decisivo. Necesita tener muchas personas a su alrededor para tratar continuamente y humillarlos para que se sientan exitosos. Las necesidades de quienes lo rodean no se tienen en cuenta, es un verdadero egocéntrico cuyo único objetivo es admitir que es el mejor, denigrando al otro.

Humillar a la víctima tiene el propósito de afirmar su supuesta superioridad a través de la crítica directa, la ironía, la indiferencia.

La manipulación produce efectos devastadores en quienes la padecen, genera sentimientos de culpa, agresión, ansiedad, miedo y tristeza. Físicamente, surgen dolores de cabeza, trastornos digestivos, falta de apetito o bulimia, ganglios estomacales o de garganta y trastornos del sueño. Si la exposición a un manipulador se prolonga, estos síntomas pueden convertirse en una enfermedad, que también puede ser seguida por una depresión que a veces puede culminar en suicidio. Ningún manipulador admitirá ser la causa de estas dolencias, de hecho, aconsejará a los afectados que busquen tratamiento sin cuestionarte nunca.

Persuasión

La persuasión no es más que una estrategia de comunicación que consiste en utilizar recursos lógicos, racionales o simbólicos para inducir a alguien a aceptar una idea, una actitud o realizar una acción. Y no piense que la persuasión solo se usa al hacer una venta, política, marketing, o que es un método desarrollado para obligar a otras personas a hacer cosas que no desearían mediante la manipulación. De hecho, es el arte de convencer a las personas de que hagan cosas que ya les interesan, pero que también les brindan beneficios.

Siempre la usamos cuando tratamos de convencer a un amigo para que nos ayude en alguna tarea compleja, para discutir con alguien sobre la brillante idea que tenía o para tratar de convencer a su compañero de que tiene que cambiar de automóvil. Ya hemos influido en las personas en nuestra vida cotidiana sin siquiera darnos cuenta.

En definitiva, es una apariencia que incide en toda nuestra vida. Como guía a la acogida de diversos elementos como las actitudes, ideas y acciones que serán de provecho para la persona. Es decir, está representada por las maniobras que un individuo puede utilizar para envolver a otros, motivándolos para proceder y actuar sobre él. A continuación, se mencionan dos tipos de persuasión que son importantes de resaltar:

- ***Persuasión racional***

Es la principal manera correcta de inducir en el comportamiento humano, ya que por medio de esta se puede influenciar la moral impropia que adapta el individuo.

Así como, estas influencias ayudan en ocasiones a las otras personas en decidir tomar decisiones como sentirse bien, creer que algo está bien, dudar de algo, o prestar atención a las cosas; a veces, y en otros casos deponer estas decisiones que fueron tomadas.

- ***Persuasión moral***

Constituye la empatía, y se transfiere a que el individuo haga lo que la otra persona le está indicando y el sujeto obedezca al llamado.

Se apela a un ejemplo; la relación de una pareja donde exista el abuso por parte de uno de los cónyuges, hace sentir culpable al otro de algo, cuando en realidad el abusador es él, actúa de forma manipuladora porque quiere introducir su error.

Lenguaje persuasivo

Hay personas que obtienen los resultados deseados cuando se relacionan con los demás. Mediante el uso estratégico del lenguaje corporal persuasivo, se puede lograr de manera segura convencer a otros para que actúen a su manera:

- *Confianza*

¿Tienes que convencer a una persona? La primera regla de cómo ser persuasivo es confiar. Confíe en las personas adecuadas, satisfágalas. Tendrán la obligación de devolverle su gratitud.

- *Comparte las opiniones*

Compartir valores, puntos de vista, opiniones, etc. fomenta la confianza entre las personas. Tiene un alto gradiente de crecimiento. Solo piense en el hecho de que, si una persona comparte una mentira, la confianza es traicionada.

- *Credibilidad*

Ser creíble es una investidura. Las máscaras de personas también se caen después de años. Muchas promesas también caen sin darse cuenta. Son compromisos importantes, la credibilidad nace con nuestros hijos, con nuestra pareja, familia, amigos y con el tiempo debe mantenerse.

Obtener la impresión correcta es el primer paso hacia la credibilidad, analizar el cumplimiento es el segundo paso, ser cauteloso en el tiempo y las formas es el tercer paso, la aspiración, la pasión, la energía, el entusiasmo son el cuarto paso, y ser consistente con las premisas es el quinto paso para la credibilidad. Tus proyectos pueden ser los mejores, pero si los que te rodean no están listos para casarse con tus ideas (por miedo, o porque no son visionarios) a la larga puedes perder tu credibilidad. Ser creíble para influir

- ***Riesgo***

El riesgo es el óxido para confiar, corroe nuestra capacidad de confiar en las personas. Cuanto mayor es el riesgo, menos nos inclinamos a confiar en extraños, por lo tanto, a influir en los demás. ¿Qué crees que se esconde detrás del riesgo? Puede ser el miedo a cometer errores, a hacer el ridículo, a ser tachado como perdedor, etc.

La persona con una mentalidad estática es firme en sus posiciones y cualquier cambio en su equilibrio eleva el riesgo de tomar una decisión. La mentalidad dinámica, por otro lado, se adapta positivamente a las elecciones, atribuyendo un valor diferente al riesgo. El riesgo también está relacionado con la emoción. Una forma de inteligencia emocional ciertamente ayuda a que el riesgo sea más racional y menos emocional. Un fuerte compromiso es el primer paso para reducir el riesgo.

- **Distancia**

La distancia entre dos personas que hablan entre sí es una medida del estado de confianza y credibilidad. Hay varias dinámicas involucradas: tú y yo.

Diferencias entre manipulación y persuasión

La diferencia reside en los recursos que se utilizan y que se designa con que se haga. Por ello, muchas personas no diferencian la acción de persuasión y de manipulación. Creen que ambos conceptos son iguales. A continuación, se desglosan algunas diferencias entre ambos conceptos.

Manipulación:

1. El individuo olvida los sentimientos y creencias de la otra persona.
2. Exige al otro realizar deseos propios.
3. No le importa que el otro pierda para cumplir su beneficio.
4. Utiliza técnicas de distorsión, exageración o falsedad en su propósito.
5. Recurre a técnicas como el chantaje, el miedo o la carencia.
6. Sus resultados acaban desvelándose cuando se descubre el beneficio del manipulador

Mientras que la Persuasión:

1. Considera los sentimientos e ideas del otro.
2. Brinda una situación en la cual ambos ganan.
3. Ofrece la información justa para que el otro escoja en función de su provecho.
4. Expone los beneficios y perjuicios de su propuesta.
5. Se sustenta en la ética y el respeto hacia las otras personas.
6. Su objetivo es duradero y durable se logra desde la persuasión y no de la exigencia.

La persuasión es el arte de cambiar la actitud o el comportamiento de una persona mediante un intercambio de ideas. La manipulación, por otro lado, es un tipo de influencia que tiene como objetivo cambiar la percepción o el comportamiento de las personas.

La persuasión y la manipulación pueden parecer lo mismo a primera vista, pero en realidad son dos conceptos completamente diferentes. Para darle un ejemplo práctico, es como si pensara que el baloncesto y el voleibol son el mismo deporte solo porque en ambos se utilizan las manos y una pelota.

¿Persuadir o manipular?

La persuasión es la capacidad de convencer a nuestros interlocutores de la bondad de nuestras ideas, posiciones y nuestro trabajo. Es esa disciplina de jugar con varios idiomas (verbal, no verbal y paraverbal) y con los sentidos, te permite entrar en la mente de la persona frente a ti, comprender sus deseos y adoptar el enfoque más adecuado para comunicarse y comunicarse. hacerte decir que fabuloso, aspirado, deseado sí.

Pero tenga cuidado de no caer en la manipulación, porque el borde entre los dos es muy delgado.

En la manipulación hay una relación de ganador y perdedor. Al manipular, intentas atraer a alguien hacia tus ideas para tu beneficio personal, para tu interés; el otro y sus deseos no se contemplan en lo más mínimo y tu interlocutor se convierte en un títere en tus manos.

En la comunicación persuasiva, el secreto es ganar juntos. Con el arte de persuadir no intentas pasar algo falso de verdad, no quieres convencer a la gente de que haga lo que realmente no quiere, pero los escuchas, los observas, entiendes sus deseos, te pones en una comparación sincera y directo, te abres al crecimiento. Algunas veces en el diálogo se puede hacer sugerencias, pero la intención básica es un bien común, su éxito conducirá a un éxito más o menos equivalente del otro.

Todos podemos ser persuasivos o manipuladores en la vida, y tal vez a veces ya lo hemos sido, incluso en cosas pequeñas, como elegir el tipo de vacaciones que hacer o el restaurante para cenar, la diferencia entre la manipulación y la persuasión radica en las intenciones que son la base de nuestro comportamiento y en los intereses que queremos lograr. Por lo tanto, dos términos, que a menudo se confunden en la jerga común, porque aparentemente las personas pueden tomar las mismas actitudes y usar el mismo lenguaje pero que, si profundizas, se puede identificar dos comportamientos diferentes, que obviamente a mediano y largo plazo traerán incluso diferentes resultados.

El engaño y la mentira patológica

El acto de engañar o mentir requiere una gran habilidad para mantener los hechos congruentes, crear una historia creíble y resistir las preguntas que se harán, hay muchas profesiones que están constantemente en contacto con mentiras. Por ejemplo, aquellos que hacen de corredor deben tener mucho cuidado de detectar correctamente la mentira para no arriesgar, por ejemplo, inversiones equivocadas. Cuando las personas dicen la verdad, a menudo se esfuerzan por hacer que los demás comprendan, mientras que la persona que miente se centra en manejar los comentarios que reciben de los demás y, en consecuencia, transmite involuntariamente señales de engaño a través de la comunicación no verbal.

Las personas no son muy buenas para controlar las expresiones faciales cuando se emocionan. La mímica facial es, por otro lado, particularmente reveladora. Por lo tanto, el engaño se puede detectar observando e interpretando expresiones faciales. También nos comunicamos con otras partes del cuerpo, pero las mejores pistas se obtienen de la cara. Algunos signos reveladores de engaño son:

- La cara del mentiroso puede contener un doble mensaje.
- Las expresiones genuinas no se controlan voluntariamente.
- Variaciones en la apariencia del ojo.
- La dirección de la mirada.
- El parpadeo Aumenta cuando estamos emocionados.
- Tiempo. La duración de la expresión es importante para detectar la mentira. Si la expresión dura más de 10 segundos, probablemente no sea auténtica.

También se pueden considerar otros elementos, como sonrisas falsas, sincronización de respuestas, dilatación de las pupilas, activación de músculos faciales reveladores y enrojecimiento. Por supuesto, incluso a través de las palabras, la voz y la posición del cuerpo, es posible desenmascarar a los mentirosos. Las personas que mienten generalmente eligen las palabras con más cuidado, invierten más energía en esta tarea descuidando otros aspectos como la imitación. El tono de voz, las pausas, los errores al hablar nos ayudan a comprender las intenciones de la persona. En estos elementos, pueden surgir detalles que entran en conflicto con el mensaje verbal.

Es posible que ya haya experimentado algo desafinado en las palabras de alguien. Es un sentimiento que nos advierte, incluso si no entendemos exactamente por qué. Esto se explica por el hecho de que una buena parte del análisis de la conducta no verbal tiene lugar de una manera en consciente. Por otro lado, sabemos que el engaño está relacionado con la mentira. Hay una mentira cuando el destinatario no ha pedido ser engañado; también cuando la persona que lo dice no ha anunciado previamente su intención de mentir.

El mentiroso patológico es una persona que no puede prescindir de mentir para vivir. Está tan concentrado en evitar que otros lo conozcan exactamente por lo que es, que pasa su tiempo construyendo una red de mentiras para dar una imagen inmaculada de sí mismo. Muchas personas que pertenecen a esta categoría pueden parecer seguras de sí mismas y con gran autoestima. En realidad, el mentiroso no está contento con cómo es, le gustaría ser diferente y no está satisfecho con la vida que tiene. Para esto, usa una máscara y a menudo es evasivo.

Nunca aceptará ser descubierto y, si esto sucede, cambiará mil veces la versión de los hechos y también actuará de manera impredecible para confirmar a sí mismo y a los demás que es exactamente el tipo de persona que siempre lo ha hecho creer que es. Pero aquí, algunas características del mentiroso crónico:

- ***Quiere "dorar la realidad"***

Siempre se presenta como un ganador y tiene cuidado de no exponerse. No acepta vivir una vida normal, teme la mediocridad y siempre quiere hacer que todo parezca más hermoso de lo que realmente es. Puede descubrir que realiza el trabajo más común en el mundo, mientras que, en realidad, le ha contado sobre actividades mucho más bellas y aventureras.

- ***No hay remordimiento ni culpa***

No tiene sistema ético ni moral tradicional. Se las arregla para vivir sin problemas en el castillo de naipes que creó. No plantea dudas y preguntas como cualquier otra persona lo haría en su lugar. El mentiroso crónico es a menudo un individuo que piensa que todo se debe a él, que otros no pueden hacer lo suficiente por él y siempre está listo para pedir más sin siquiera pensar que otros pueden necesitar la misma atención. Por lo general, es egocéntrico y, antes de pensar en otra persona, primero debe estar satisfecho. Por supuesto, para estar satisfecho, él dice muchas mentiras.

- *Se siente más y más inteligente que otros*

El hecho de poder embellecer la realidad lo hace sentir muy rico en imaginación e inteligencia. Se ve a sí mismo superior a todos esos "tontos" que, por otro lado, toman la vida como es y también aceptan experiencias negativas. En su presunta inteligencia, a menudo trata a los demás de arriba a abajo y tiende a preferir la compañía de personas dulces y bien educadas que pueden consentirlo en su juego sin oponerse a él.

- *Cuenta los hechos de manera convincente*

Magnifica los eventos y los transforma en épicas aventureras donde obviamente él es el héroe. También agrega detalles extraños a sus historias para atraer la atención de los demás. Una mentira más o una menos para él no hace la diferencia solo por ser interesante. A menudo, al mentiroso crónico le encanta ser el centro de atención, está feliz de tener una audiencia lista para escuchar sus historias y, tal vez, incluso para sentirse fascinado por ellas.

- *Está convencido de que es irresistible*

Además de contar los hechos que le suceden de una manera excesivamente colorida, él piensa que otros son admirados y atraídos por él. Los mentirosos patológicos a menudo son narcisistas, creen que son personas extraordinarias y creen que es un honor para los demás conocerlos.

- ***Cambiar la versión de los hechos según su conveniencia***

Para impresionar a su interlocutor, el mentiroso patológico está dispuesto a cambiar de opinión repentinamente. Tan pronto como se da cuenta de que la persona con la que está hablando ya no está tan atenta y secuestrada por sus discursos, o no comparte su idea, es capaz de "desviarse" magistralmente de la idea opuesta, haciendo que la persona Ella le está hablando a él.

A menudo, de hecho, sucede que aquellos que presencian este cambio repentino, se encuentran completamente desplazados y, para no avergonzar a la otra persona, se callan y no subrayan la extrañeza de lo que sucedió. El mentiroso, sin embargo, de esta manera 'reforzará' su idea de ser una persona exitosa y superior a los demás.

- ***Cree en sus propias mentiras***

El cerebro humano tiene la capacidad de reorganizar la información y también las impresiones que recibe. De hecho, siempre trata de encontrar una lógica en lo que sucede, a costa de "forzar" los vínculos entre los hechos. El cerebro de un mentiroso crónico no escapa a esta regla. En su mente, el mundo imaginario que creó está estructurado como si fuera cierto. A menudo, para el mentiroso, el sueño y la realidad están confundidos y él mismo llega al punto de no saber cómo distinguirlos más y está convencido de que sus propias mentiras son realidad.

- ***Se escapa de la responsabilidad***

Otra razón por la cual el mentiroso decide mentir, es escapar de la responsabilidad. Es difícil para él admitir que estaba equivocado o tener que justificarse. Pero entonces termina mintiendo incluso en situaciones cotidianas de importancia irrelevante. Por ejemplo, si el mentiroso crónico llega tarde a una cita, podría poner excusas de cualquier tipo. Lo importante para él es no admitir que estaba equivocado debido a su propia falta o desorganización. No es raro que se inventen accidentes, atascos de tráfico, percances o algo mucho más extraño para escapar del juicio negativo que otros tendrían sobre él si dijera la verdad.

- ***No tolera las mentiras de los demás***

Aunque los mentirosos patológicos han hecho de las mentiras su forma de vida, no pueden soportar que alguien use su propia arma. En ese caso, tan pronto como el mentiroso descubre el engaño de los demás, se siente herido de orgullo. Puede parecer paradójico, pero a veces el mentiroso crónico puede transformarse, en algunas situaciones, en un defensor de la verdad. En esos momentos, se siente "investido" con una misión grandiosa y, para continuar con su repentino deseo de honestidad, lo lleva con su interlocutor, lo ataca y no le deja ninguna salida.

- ***No admite estar equivocado***

Durante sus discusiones, para tener razón, el mentiroso crónico comienza a inventar habilidades que no tiene. O hace referencias a demostraciones y estudios científicos (ni siquiera de existencia segura) que respalden su tesis. Y si se siente amenazado en su seguridad, puede comenzar a "cerrar las ventanas" y, finalmente, nunca dejar que ganes.

En definitiva, engañar o elegir una mentira es generalmente un síntoma de desconfianza en la propia capacidad o la de los demás para hacer frente a los problemas que puedan surgir. En otros casos, significa comportarse como una persona sin escrúpulos o extremadamente necesitada que quiere lograr algo.

Capítulo 6:
Técnicas de manipulación

La gente que está cerca de nosotros no siempre quieren nuestro bienestar. Los amigos, familiares o colegas de trabajo pueden establecer estrategias para cancelarnos o reducir nuestra autoestima. Estas son técnicas de manipulación real que a menudo usan, por ejemplo, mentirosos patológicos o narcisistas.

Las personas tóxicas, como los narcisistas, los psicópatas y, en general, las personas con rasgos antisociales y una tendencia manipuladora, pueden someter a otros al peor abuso psicológico, ya sea en el contexto de una relación amistosa, amorosa o profesional. No siempre es fácil darse cuenta de que eres víctima de estos ataques. Sin embargo, es importante aprender a reconocer estas técnicas porque podrían dañarnos gravemente y aumentar nuestras inseguridades. Sin embargo, debe decirse que existen formas de manipulación psicológica en diferentes niveles, que no parecen causar daños tan irreparables o para los cuales no es necesario encontrarse siempre a la defensiva.

Algunas formas de manipulación también se utilizan en la educación o en nuestras relaciones diarias. Por lo tanto, es importante aprender a distinguir cuándo somos víctimas de comportamientos tóxicos y patológicos, y cuando, en cambio, nos enfrentamos a formas de manipulación diaria que podemos aprender a manejar mediante la experiencia.

¿Es realmente posible controla la mente?

El tema es controvertido. Ciertamente, es posible que algunas personas con personalidades débiles e inclinadas a depender psicológicamente de otras y delegar sus vidas a las personas que deciden por ellas, caigan fácilmente a merced de líderes carismáticos más o menos positivos. A menudo, las víctimas quieren a toda costa pertenecer a un grupo en el cual no pueden sentirse "aceptadas" y, para hacerlo, se adhieren a ideas y acciones que no aprueban por completo.

Preparando el terreno

La víctima elegida debe confiar, para establecer una relación íntima y cercana, y es por eso que un manipulador utilizará todas las mejores estrategias, gastará tiempo y energía para construir dicha relación. El objetivo es seducir, determinar un sentido de confianza, de bienvenida. Obviamente, nada sería posible si el engaño es claro para la víctima de inmediato. El manipulador, en su juego perverso, generalmente sigue ciertas etapas antes de entrar de lleno en la manipulación:

- *Calibración*

    Inicialmente, la persona que quiere tomar el control sobre la otra, comienza a estudiar gestos, movimientos, posiciones, imitaciones de su víctima.

- *Reflejando*

    Más tarde, intenta reproducir los movimientos observados y los patrones corporales. De hecho, está comprobado que; tomar la misma posición y el mismo tono de voz que la persona con la que estamos hablando crea una relación de "simetría" con nuestro interlocutor. Esta forma de actuar establece inmediatamente en la otra persona un sentimiento de "igualdad" que lleva a confiar en los que están frente a usted porque lo percibe como algo similar a usted mismo.

- **Rastreo**

En este punto, aquellos que "controlen" comenzarán a proponer nuevas interacciones y nuevas modalidades sobre la base de lo que se ha observado anteriormente. Luego podrá insertar gestos 'similares' a los observados que, sin embargo, pueden llevarlo a dónde quiere ir. Para asegurarse de crear una especie de "compromiso" en quién lo está escuchando en ese momento y asegurarse de que lo sigan, a menudo, el manipulador primero muestra su confianza. Normalmente, usa frases que expresan sentimientos positivos hacia los que están frente a él y que lo invitan a sentirse seguro y dejarse llevar. Es como si él dijera: "si confío en ti, puedes confiar en mí". El sentimiento de reciprocidad se dispara y se establece la relación.

- **Relación**

En poco tiempo, de esta manera, se alcanza un clima relajado y relajado donde hay complicidad. A través de bromas, asentimientos y palabras amistosas, el manipulador asegura la confianza total de la persona frente a él. En este punto, podrá hacer sus solicitudes. Una forma que se suele usar para llegar a esta etapa final es dar fe de la confianza de la víctima al pedirle que realice una acción particular que requiere la máxima fiabilidad.

Por ejemplo, un comerciante que quiere vender algo precioso, podría pedirle al cliente que mantenga el objeto precioso en custodia por un momento, o tratar de usarlo, demostrando que no tiene dudas hacia esa persona que, inmediatamente después, sintiendo esa confianza en sí mismo, lo concederá con la misma facilidad.

Lavado del cerebro

La manipulación puede traer serias consecuencias dentro de cada uno de nosotros, heridas muy profundas de las que es difícil salir. Por eso es importante aprender a reconocerla para evitar convertirse en títeres. A partir de estas consideraciones, podemos intentar profundizar algunas técnicas de manipulación psicológica que se utilizan en las relaciones interpersonales.

A menudo hablamos de "lavado de cerebro", pero ¿qué es exactamente? Podemos entender mejor este concepto al pensar en la "persuasión coercitiva". En otras palabras, influir en alguien a través de la obligación, del uso de la fuerza, no solo física sino psicológica. Esta forma de persuasión es la más fuerte y más invasiva. Típicamente es practicado por personas con un trastorno de la personalidad.

Ejercer este poder sobre los demás no es en absoluto simple; necesitas usar diferentes técnicas para convencer a alguien de cambiar su sistema de creencias, procesos de pensamiento y cómo se sienten y actúan. Las técnicas de persuasión coercitiva se pueden dividir en cuatro tipos:

1. Socio ambientales.
2. Emocionales.
3. Cognitivas.
4. Disociativas.

Técnicas socio ambientales

Estas técnicas manipulan o controlan el entorno al que pertenece el sujeto. El objetivo es debilitar la resistencia del individuo para manipularlo más fácilmente. Las técnicas de manipulación socio ambientales incluyen:

- ***Distorsión de la realidad***

Una de las técnicas más utilizadas es distorsionar la realidad mediante la estrategia de "Gaslighting" o "Luz de gas", la cual se utiliza para desestabilizar y hacer dudar a la otra persona y hacerle creer que está viviendo en una realidad imaginaria. El manipulador niega haber hecho o dicho cosas con el propósito de defenderse y no cuestionar sus afirmaciones. Hacerlo crea confusión y distorsiona la realidad de la víctima. Este último, desplazado, comenzará a tener cada vez menos confianza en sí mismo.

- o *"Es todo el resultado de tu imaginación",*
- o *"Esto nunca sucedió",*
- o *"Lo estás inventando todo".*

Son algunas de las frases usadas en este tipo de manipulación.

El Gaslighting es una técnica cruel de manipulación psicológica en la que el atacante, para obtener el poder total sobre su víctima, duda de la exactitud de las percepciones de la víctima hasta que se vuelve completamente insegura de su propia realidad. Se considera una fuerte violencia psicológica puesta en marcha para crear dudas en la mente del otro, actúa como un verdadero lavado de cerebro.

Aunque parece una técnica muy sofisticada y difícil de implementar, está más extendida de lo que se cree, especialmente en las relaciones entre parejas o parientes cercanos. Este tipo de manipulación mental es sutil, enmascarada y funciona en niveles emocionales muy profundos, por lo que a menudo la propia víctima lo justifica. Tiene la capacidad de anular progresivamente el juicio de la víctima.

Inicialmente, la víctima estará confundida, se dará cuenta de que algo está mal e intente hablar de ello con su atacante. El abusador negará todo lo que la persona ha dicho, haciéndole creer que tiene razón. Gradualmente, la víctima perderá su autonomía y comenzará a cuestionar su percepción real.

- *Aislamiento*

El ser humano es un animal social, y una parte de la imagen que tenemos de nosotros mismos es proyectada por las relaciones que tenemos. No solo eso, el afecto, el amor, la comunicación y muchos otros aspectos son fundamentales para el ser humano. Una persona aislada del mundo durante mucho tiempo, comenzará a tener percepciones distorsionadas de la realidad, dejará que su imaginación y sus ansiedades naveguen, llegando a ser víctima de sus propios pensamientos. El aislamiento puede ser una forma muy fuerte de debilitamiento y manipulación mental. En consecuencia, uno de los métodos más efectivos para controlar la mente de los demás es aislar al individuo, sacarlo de su hogar, sus afectos, amistades y todo lo que le pertenece. La privación de estos elementos debilita a la víctima y la hace más vulnerable a los ataques mentales.

Tan pronto como un individuo permanece solo, alejado del mundo y de las noticias sobre lo que está sucediendo, su actividad mental normal es reemplazada por muchos procesos diferentes. Las ansiedades olvidadas resurgen, los recuerdos reprimidos por mucho tiempo vuelven a su mente. Su imaginación adquiere inmensas proporciones. Ya no puede diferenciar sus fantasías con la realidad y muy pronto yace víctima de sus propias pesadillas.

- ***Control de la información***

El control y la manipulación de la información es una forma de aislamiento. Con menos información, el sujeto no tendrá tantas opciones para elegir. Su pensamiento crítico también será limitado, al igual que la prueba de realidad. La información es el combustible que utilizamos para el buen funcionamiento de nuestra mente. Si a una persona se le niega la información necesaria para emitir juicios fundados, ya no podrá formarse sus propias opiniones.

Las personas quedan atrapadas en un vacío no solo porque se le niega el acceso a la información crítica, sino también porque carecen de los mecanismos internos apropiados que sirven para procesarla. Tal control de la información tiene un impacto dramático y devastador. En muchos grupos, las personas tienen acceso limitado a los medios de información (periódicos, revistas, televisión o radio) que no forman parte del grupo. Esto también se logra al involucrar a los miembros hasta el punto de que no tienen tiempo para dedicar a nada más. El control de la información tiene lugar en todos los niveles relacionales.

- ***Dependencia***

La creación de un estado existencial de dependencia consiste en hacer creer a alguien que su existencia depende de otra persona, generalmente un líder. Esto se logra asegurando que el líder satisfaga todas las necesidades, especialmente las primarias como la comida, hasta el punto de establecer una relación de dependencia total entre sí.

- ***Debilitación psicofísica***

La debilidad física, por ejemplo, ejercida con la privación del sueño, la alimentación, los afectos, inevitablemente también conlleva la debilidad psicológica. Esto último conduce a una capacidad debilitada para resistir las técnicas de persuasión.

Privar a una persona del sueño es un arma poderosa para la manipulación. Dormir no solo sirve para descansar nuestro cuerpo, sino también, y, sobre todo, nuestra mente. Todo esto debido a que la falta de sueño produce sustancias tóxicas que se concentran en el cerebro y conducen a numerosas consecuencias negativas: estados depresivos o eufóricos en fases alternas, reacciones violentas o apáticas, indiferencia a todo lo que lo rodea, arrebatos de hilaridad o llanto desmotivado. en resumen, excelentes motivos para activar el mecanismo de control mental.

- ***Generalizaciones***

El manipulador usualmente siempre usa oraciones vagas y algunas veces sin sentido. A primera vista puede parecer un intelectual, fascinante con las palabras. A la larga, se entiende que las conclusiones que hace son demasiado generales.

Puede utilizar frases como "siempre eres igual", sin especificar quién es el otro, o "te molesta cualquier cosa", y así sucesivamente. El objetivo es llevar a la víctima al agotamiento sin involucrarse.

- **Denigración**

Es una de las tácticas más peligrosas ya que el manipulador denigra a la víctima cuando la víctima finalmente comienza a defenderse, la acusa de ser a su vez un manipulador e intenta pasar por lo que está sujeto a su agresión. La consecuencia es que la víctima tiende a retirarse, sintiéndose culpable y a veces incluso disculpándose con él.

- **Egocentrismo**

Los problemas del manipulador son siempre más importantes que los de la víctima. Si ella lo señala, pronto será acusada de ser egoísta.

- **El falso bien**

Uno de los manipuladores más sutiles es, sin duda, alguien que demuestra ser muy amable y bueno con la otra persona, pero que en realidad usa una máscara. Aunque parezca que puede alegrarse el uno con el otro por los objetivos alcanzados, trate siempre de forma sutil de inculcar dudas o destruir parte de las alegrías conquistadas.

- **Sentirse víctima**

El manipulador se siente víctima de las circunstancias o la voluntad de otra persona para evocar compasión y compasión de la víctima, que generalmente es una persona que tiende a cuidar excesivamente a quienes piden ayuda y sufren.

- *Simular estar dispuesto*

El manipulador aparece como una persona dedicada a una causa de valor, pretendiendo ser confiable y disponible para ayudar a aquellos que realmente lo necesitan.

- *Simular ser inocente*

El manipulador afirma con profunda credibilidad que todas sus acciones dañinas no son intencionales, incluso indignado y sorprendido por las acusaciones hechas en su contra. Esta acción tiene como objetivo hacer que la víctima se sienta culpable de haber evaluado negativamente al manipulador y no haber entendido sus buenas intenciones.

- *Simulando confusión*

El manipulador finge no saber de qué está hablando la víctima. Esta actitud arroja a la víctima a un estado de confusión, dudando de su punto de vista y la fiabilidad de sus evaluaciones.

- *Máscara*

Inicialmente pretenden que todo siempre está bien, y luego boicotean las acciones de la víctima de una manera sutil y aparentemente ingenua.

Técnicas emocionales

Estas técnicas tienen como objetivo influir en las emociones de la persona, ya que actuar sobre ellas tiene un efecto sobre la motivación subyacente para el comportamiento. Actuar sobre las emociones tiene un impacto indirecto en el comportamiento. Los siguientes están incluidos en las técnicas de manipulación emocional:

- *Placer*

La actitud seductora y fascinante del manipulador atrae a las personas, especialmente a las que carecen de atención. El sujeto tan encantado con bellas palabras y gestos corteses se vuelve más dispuesto a dar confianza y bajar sus defensas.

- *Ira*

El manipulador exhibe enojo para asustar a la víctima y presionarla para que se someta. En realidad, el manipulador no está enojado, pero juega el papel de estarlo cuando se le niega lo que cree que le pertenece. Igualmente, la ira reprimida, la cual es una táctica de manipulación psicológica utilizada para evitar confrontaciones y para decir la verdad u ocultar las intenciones de uno. Dichas tácticas empujan a la víctima a centrarse en la relación violenta en lugar de la cuestión de la manipulación cada vez que la víctima se niega a cumplir con las demandas del manipulador.

- *Culpa*

El manipulador culpa sus acciones a los demás, proyectando sus ideas e intenciones en la víctima a quien atribuye su voluntad. La víctima siente que ha hecho algo mal, que ha presionado al manipulador para que diga algo que, en realidad, no pensó cada vez que intenta liberarse del manipulador, que tenderá a culparla por mantenerla atada a sí mismo. El manipulador tiende a alterar la realidad para que la víctima pueda creer que esa visión de la realidad que propone el manipulador se acepta y se cree que es verdadera. El manipulador llega a decir que la víctima merece ser devaluada y acusada porque se la describe como loca cada vez que reconoce un comportamiento manipulador.

- *Proyección*

El manipulador transfiere todas sus características negativas o la responsabilidad de su comportamiento a otra persona. Los narcisistas y los psicópatas lo usan en exceso, alegando que la malicia con la que están rodeados no es su culpa, sino la de otros. Como anteriormente se mencionó, muchos de estos manipuladores son inseguros y, por lo tanto, proyectan sus errores y defectos en la otra persona, haciéndolos sentir culpables. De esta manera, el manipulador intenta cambiar la situación a su favor, para no solo ser el ganador en la discusión, sino también hacer que el otro se sienta mal. Hará que el otro crea que, si las cosas no van bien, es porque este último tiene ciertas características.

- *Intimidación implícita*

El manipulador empuja a la víctima a la defensiva adoptando amenazas veladas.

- *Chantaje emocional*

A menudo conoce muy bien las debilidades de la víctima y las usará para chantajearla emocionalmente. La víctima terminará preocupada si el autor se siente enojado o triste, sintiéndose responsable de ello.

Técnicas cognitivas

Como se mencionó anteriormente, una persona físicamente débil y que se siente culpable está en una posición perfecta para caer bajo la manipulación. Las técnicas de manipulación cognitiva incluyen:

- *Cancelación del pensamiento crítico*

El manipulador "prueba" al individuo a ser manipulado que sus pensamientos y razonamientos son incorrectos y, creando confusión, induce al manipulado a dudar de sí mismo y reprimir lo que piensa.

El uso del engaño y la mentira: la manipulación psicológica se ejerce distorsionando la realidad, ocultando información, mintiendo o engañando.

- *Silencio*

Cuando el manipulador se da cuenta de que sus técnicas no tienen el efecto deseado, puede tomar dos caminos: insultar o guardar silencio. En el segundo caso, la víctima se siente invisible y culpable. El objetivo es humillar a la otra persona y hacerla sentir mal por no someterse a sus deseos y técnicas de manipulación.

- *Presentación*

Consiste en aprovechar la necesidad de pertenencia y aceptación. Se establece una idea común, un pensamiento grupal y luego exige que el manipulado se someta a lo que el grupo decide sentirse parte de él en lugar de excluirse o rechazarse.

- *Confundir con palabras*

Algunos manipuladores son bastante buenos para usar palabras. Crean una red de oraciones y expresiones que enjaulan y confunden a la víctima. Utilizan monólogos reales, interrumpen a la otra persona, evitan expresar su opinión y logran tener el control dentro de la conversación. Alternativamente, el manipulador puede tratar de abrochar palabras que su interlocutor nunca ha hablado en realidad tratando de interpretar su pensamiento de una manera distorsionada.

- *Identidad colectiva*

En este caso también, la manipulación aprovecha la necesidad de pertenecer a un grupo social. Dentro de un grupo de personas dirigido por un líder fuerte y carismático, se crea una identidad grupal que hace que los individuos pierdan su identidad individual y cualquier característica distintiva. Como grupo, se pueden cometer crímenes porque el pensamiento compartido genera el aplazamiento de la responsabilidad personal.

- *Control de atención*

La manipulación se lleva a cabo atrayendo la atención de alguien al proporcionarle muchos estímulos y creando una sobrecarga de información de tal manera que el sujeto baje sus defensas y esté más disponible para aceptar las sugerencias que se le dan debido al efecto de "cansancio" en el proceso de procesamiento de estímulos múltiples y simultáneos.

- *Control del lenguaje*

Se proporcionan información y declaraciones obvias que el sujeto solo puede confirmar como verdaderas. Posteriormente en el discurso se omiten palabras o partes de oraciones para crear ambigüedad y reducir la capacidad de entender lo que se dice. Sin embargo, sobre la base de toda la información veraz anterior, el sujeto también creerá lo que no entiende y lo aceptará pasivamente en confianza.

- *Delegación de roles*

Una vez que se ha manipulado el tema, se ha inculcado la duda sobre lo que piensa, sobre sus principios y valores, será más fácil para él adherirse a una autoridad carismática de una manera totalitaria y dejarle el poder de decisión total sobre sí mismo.

- *Minimización*

El manipulador tiende a reducir la carga de las consecuencias de sus acciones al afirmar que no son tan perjudiciales como uno desea creer.

- *Atención selectiva*

El manipulador enfoca su atención solo en los temas que le interesan, y manifiesta abiertamente que no le interesa nada más.

- *Mentira*

Los manipuladores tienden a mentir con mucha frecuencia y distorsionar la realidad, son sutiles y parecen creíbles cuando hablan, por lo que es difícil saber a primera vista si están diciendo una mentira o la verdad.

- *Desvío*

El manipulador evita responder preguntas cuando no quiere exponerse, desviando la conversación a otra cosa.

- *Evasión*

El manipulador proporciona respuestas evasivas, irrelevantes e irrelevantes a los temas abordados.

- *Absurdo*

El manipulador intentará socavar la moral de la víctima y cuestionará en qué cree, creando más confusión. Podría llevar al objetivo a creer que había dicho algunas frases no dichas.

- *Ambigüedad*

El manipulador es una persona extremadamente ambigua. Puede decir o hacer cosas y luego cambiar totalmente, si la situación evoluciona de manera diferente a cómo se representó.

- *Sarcasmo*

El manipulador utiliza el sarcasmo hacia la víctima, generando miedo y culpa en ella, hasta que ella nunca se siente a la altura de las situaciones. Estas tácticas se manifiestan en forma de comportamientos como miradas críticas, tono de voz alterado, crítica retórica y repetida, sarcasmo. El efecto de esta táctica en la víctima es que se siente cada vez más inadecuado para hacer frente a cualquier situación.

- *Características agresivo-pasivas*

El manipulador generalmente no se enfrenta a las discusiones directamente, pero se da la vuelta. Puede usar sistemas sutiles para hacer que la víctima entienda que no aprueba ciertas actitudes. Por ejemplo, podría boicotear una iniciativa después de decirle a la víctima que la apoye. Todo parecerá absolutamente involuntario o causal.

Técnicas disociativas

El fenómeno de disociación ocurre durante estados de trance hipnótico cuando se tiene una experiencia que absorbe mucho nuestra atención. Algunos estímulos de particular relevancia para la persona, especialmente los emocionales, se ponen en primer plano en comparación con otros menos relevantes. Cuando una tarea absorbe nuestra atención, hay una suspensión momentánea del juicio crítico y una pérdida parcial de conciencia e identidad. Este estado particular de conciencia alterada conduce a una disminución de los mecanismos de defensa y hace que la persona sea más vulnerable. La persuasión en un estado de trance per se no es factible a menos que esté acompañada también de manipulación ambiental y manipulación cognitiva y emocional.

Capítulo 7:
Influir en otras personas

En primera instancia, influir en una persona o un grupo social tiene el significado de convencerlos de que hagan algo sin obligación ni por órdenes. Tal vez nunca haya sopesado las consecuencias de su actitud hacia sus amigos, superiores o familiares.

En la era moderna en que vivimos, el individuo promedio no le gusta recibir órdenes. En el lugar de trabajo y en el hogar, la participación requiere comando y control. En el comercio hay una guerra abierta entre el marketing entrante y el saliente. En esencia, la convicción tiene lugar en el pasaje generacional. El arte de persuadir siempre está a la vanguardia de las estrategias de marketing y liderazgo: tiene el objetivo de condicionar al sujeto a cómo decir que sí. Ser influyente es un modelo del cual debemos poseer conocimientos, el poder y el control han pasado a un segundo plano en comparación con un modelo para recompensar la creatividad de las personas. Aquí está la influencia para traer y hacer valer sus ideas y pensamientos.

¿Cuál es tu poder de influencia?

Cada uno de nosotros tiene el poder de influir en los demás y en el entorno en el que vivimos y trabajamos. Alguien influyente es, de hecho, cualquiera que logre ejercer un condicionamiento en la vida de otros, para bien o para mal. Ser más consciente de su propio estilo de influencia y el de los demás, puede ayudar a mejorar la colaboración en varios aspectos de la vida al evitar los peligrosos "efectos dominó" negativos.

Cuando pensamos en una persona influyente, adoptamos, quizás inconscientemente, una definición clásica e imaginamos, por lo tanto, en una persona autorizada, importante y de peso, con prestigio y que, con todas estas características, tiene el poder de influir en los demás. Por lo tanto, creemos que las personas influyentes son pocas y a menudo pensamos en personas conocidas o que tienen poder formal dentro de las organizaciones. Pero en realidad, sería muy importante que todos reconocieran que siempre tienen el poder de influir en los demás y en el entorno en el que se desenvuelven a diario.

Uno de los elementos subyacentes al desarrollo del sentido de responsabilidad en las personas es precisamente el de reconocer que todos tenemos un poder de influencia y, dependiendo del tipo de poder que tengamos, ya sea positivo o negativo, y la forma en que lo usamos, podemos generar un "efecto dominó" significativo en el lugar donde se habita. Efectos que tienen importantes impactos en la motivación, la productividad, la sociedad, etc.

La adquisición de estos elementos puede permitirle a una persona concentrarse mejor en cuál es su estilo actual de influencia, entonces, las formas de ejercer influencia positiva o negativamente: con amabilidad, competencia profesional, con sus habilidades de escucha, con la capacidad de generar ansiedad y miedo en los demás, con el ser brusco, etc. Puede mejorar o fortalecer esto para producir sobre todo impactos positivos en su vida y la de los demás, también tomando en cuenta las personas que tienen una influencia positiva en ti.

La influencia está estrechamente relacionada con las técnicas de persuasión. Una fórmula matemática nos ayuda a recordar que la influencia depende de la confianza con su intercambio de valores y su credibilidad, mientras que es inversamente proporcional al riesgo y la distancia.

Algunas personas parecen nacer sabiendo cómo persuadir. Son extremadamente cautivadores, crean argumentos brillantes y difíciles de refutar, y al mismo tiempo no se dan cuenta de que están convencidos de algo. Pero ¿Cómo pueden algunos tener más éxito que otros? Aquí hay algunas características comunes entre las personas persuasivas para entender un poco mejor:

- ***Son conscientes y respetuosos con los demás***

Las personas que usan la persuasión ampliamente tienen conciencia y comprensión de su poder. Nunca usan su agresión para tratar de convencer a alguien más, por el contrario. Presentan sus argumentos asertivamente a aquellos interesados en escuchar.

- ***Prestan atención a lo que se dice***

En lugar de hablar sin descanso y forzar tu punto, las personas persuasivas prestan atención a lo que dice el otro. Escuchar es la mejor manera de comprender si la persona es receptiva a las ideas propuestas, cuáles son las objeciones (para resolverlas) y también para identificar dónde está de acuerdo la otra persona.

- ***Saben cuándo guardar silencio***

La capacidad de expresarse claramente verbalmente es una característica de la persuasión natural. Sin embargo, esto incluye no solo hablar, sino también saber cuándo dar un paso atrás y guardar silencio. Especialmente en los últimos momentos de una negociación, después de una pregunta concluyente.

- *Piensan a largo plazo*

A menudo para persuadir a otra persona es necesario posponer una discusión, para permitir que la otra pueda analizar los temas propuestos con más calma. Tal vez usando su don de persuasión, deje que el otro tenga su espacio para pensar y si la persona no se pone en contacto nuevamente, es porque el esfuerzo que se ha puesto en duda no valió la pena.

- *No persiguen argumentos sin importancia*

Incluso cuando están seguros de que tienen razón, saben que gastar energía en discusiones menos relevantes que no contribuyan a su causa general no vale la pena. En cambio, dan mucho por una "ganancia de causa". Es mejor tener éxito al final que tener siempre la razón.

Influencia social

La influencia social es una noción común y cotidiana, sería inherente a la vida en sociedad. No podemos hablar de influencia social sin tratar el concepto de normas sociales. De hecho, a pesar de la diversidad de nuestras acciones y pensamientos, estos están increíblemente regulados. No obstante, la ausencia de estándares sería paralizante, las normas sociales existen en todos los niveles, en cuanto a los marcos de referencia colectivos (estándares) son el producto de las interacciones de las personas entre ellas. Cuando hablamos de influencia social, nos referimos al estudio de las formas en que las opiniones y los comportamientos públicos y privados de los individuos están influenciados por otros sujetos.

La publicidad es una de las formas más explícitas en que se implementan las influencias sociales. Los medios de comunicación son una de las fuentes de publicidad más frecuentes e incluyen televisión, periódicos, revistas, carteles y radio. Cada uno de estos medios utiliza diferentes técnicas publicitarias, pero todos ellos comparten el mismo objetivo de alentarnos a adquirir el producto que se anuncia, y más si es por una mayor cantidad. Los alimentos son uno de los principales bienes de consumo para los que todos gastamos dinero, por lo que polariza una gran cantidad de publicidad, que a menudo se presenta en las formas más innovadoras posibles.

Los anunciantes aprovechan los cambios en el estilo de vida para presentar nuevos productos. La fuerza impulsora de la publicidad es triple: mantener y retener a los consumidores actuales del producto, inducir un cambio de marca al anunciado y atraer nuevos compradores de la marca anunciada hacia nuevas clases de productos. La publicidad juega otro papel importante: el de proporcionar información sobre el uso del producto; en otras palabras, nos dice cuándo, dónde y con quién debemos consumir alimentos particulares. Esto puede incluir información sobre qué alimentos son saludables y cuáles deben consumirse con moderación.

Estos aspectos están relacionados con la necesidad percibida de los consumidores de comer de manera saludable y perder peso. Lo que realmente surge es una brecha aparente entre los promotores de salud y los anunciantes que puede explicarse por los costos y las características del público. Los anunciantes centran su atención en la televisión, mientras que el medio elegido para la promoción de la salud parece ser los folletos. Dado que la mayoría de las personas en las tienen acceso a al menos a un televisor, esta es una fuente de gran influencia potencial y ciertamente más poderosa que las formas escritas de comunicación. El acceso a diferentes medios parece un recurso persuasivo crucial. Los promotores de salud se preocupan por cambiar los patrones de comportamiento profundamente arraigados y hacia los cuales las personas sienten una fuerte participación personal.

Los anunciantes intentan persuadir a las personas que no están personalmente interesadas en cambiar la marca que suelen comprar o usar un nuevo producto. En general, es más fácil cambiar las actitudes de aquellos que no están involucrados personalmente que los de aquellos directamente involucrados. Por ejemplo, sería relativamente fácil persuadir a alguien para que pruebe un nuevo tipo de barra de chocolate que aún no ha experimentado, en lugar de convencerlo de que deje de comer su barra de chocolate favorita. Entonces, la participación personal afecta el grado en que las personas están motivadas para desarrollar un mensaje persuasivo. Muchas preocupaciones sobre los efectos de la publicidad se han centrado en los niños, que se supone que son más vulnerables a dichos efectos.

Cómo influir usando técnicas de persuasión

En primer lugar, se debe tener en cuenta que cualquiera que haya nacido con la capacidad de atraer la atención del público, influir en las ventas indecisas y motivar a los demás, incluso si no saben cómo hacerlo cuando lo necesiten. Todos tenemos comportamientos muy similares y podemos establecer patrones de comportamiento. La idea aquí es comprender estos patrones de comportamiento colectivo ya internalizados de manera inconsciente y utilizarlos para influir en las personas. Nuestro cerebro nos empuja a hacerlo por puro instinto porque sabe lo importante que es saber cómo influir en los demás.

Cuando escuchas hablar sobre la persuasión, probablemente piensas en algo malicioso, una herramienta con extremos cuestionables y perversos, adecuada para doblegar la voluntad de los demás. La verdad es que la persuasión es solo un medio, puede conducir a resultados agradables o desagradables dependiendo de su uso y de la persona que lo usa. Saber persuadir para influir significa, en primer lugar, conocer a la persona, y esto implica saber escuchar y comunicarse de la manera más apropiada hoy en día está lejos de ser obvio. Ser persuasivo significa ser capaz de asumir grandes responsabilidades en la toma de decisiones y saber cómo llevar a cabo una posición de liderazgo.

La ciencia de la persuasión está estrechamente relacionada con la psicología, esta no solo influye en los demás para que hagan lo que crees que es relevante, sino cuánto crees que la información que estás dando será realmente útil para el destinatario. El profesor de psicología social Robert Cialdini ha pasado gran parte de su vida estudiando el poder de la persuasión. Sus estudios se basan en el desarrollado de técnicas persuasivas de comunicación. Estas técnicas no son más que una perfecta comprensión de cómo se puede desarrollar la capacidad de comunicarse con los demás hasta el punto en que se pueda influir en sus decisiones. Estas son las seis principales técnicas de persuasión para influir en las demás personas:

Reciprocidad

En la infancia se nos ha enseñado a corresponder favores o lo que otras personas nos ofrecen, este buen camino se llama reciprocidad. La reciprocidad es algo extremadamente intrínseco en la vida cotidiana y es una herramienta verdaderamente eficiente para convencer a las personas de que hagan algo por ti. La reciprocidad, o la regla de intercambio, consiste en tomar el campo primero, ofrecer algo a las personas y ponerlas en una posición de deuda contigo.

Puede ofrecer cualquier cosa: un probador, una muestra, un producto o, en el caso de la web, incluso información simple, artículos, libros electrónicos, etc. El intercambio a menudo tiene lugar sin darse cuenta; una persona escribe artículos interesantes y las demás comparten los buenos contenidos al aumentar su audiencia. Sin embargo, la reciprocidad también puede ocurrir en forma de compromiso y no de oferta.

Para persuadir e influir en una persona, puede hacer una solicitud sobrevaluada y luego hacer una mucho más conveniente, de esta manera, la persona se siente en deuda debido a su voluntad de negociar y se encuentra aceptando su segunda oferta. Por esta razón, muchos vendedores están acostumbrados a presentar primero los productos más caros y luego a los más baratos.

Compromiso y constancia

La persuasión tiene que ver con el comportamiento humano, y la humanidad vive de diferentes comportamientos y lugares comunes. Uno de estos es el compromiso; es nuestra necesidad de ser coherentes con lo que hemos hecho. Una vez que se ha hecho una elección, o se ha tomado una posición, enfrentamos toda una serie de presiones personales e interpersonales, en un esfuerzo por ser coherentes con ese compromiso.

Una vez que se hace una declaración, es difícil no cumplir su palabra. Por esta razón, si logra que las personas se comprometan, habrá preparado el terreno para una conducta más automática e irreflexiva, consistente con el uso inicial.

Un ejemplo de tal persuasión es en muchos casos las llamadas de compañías de recaudación de fondos.

Supongamos que lo llama una asociación de lucha contra el cáncer, su interlocutor podría iniciar la llamada con un simple "Buenas noches, señor, ¿cómo está?". En ese punto, se volvería difícil para usted ser inconsistente y cortar la llamada groseramente.

Prueba social

Los grupos sociales crean confianza, alimentan nuestra motivación. Si un gran grupo de personas confía en una sola, tu y yo también nos sentiremos inclinados a hacerlo. Si todos tus amigos hablan bien de su nuevo teléfono, probablemente también estés dispuesto a comprarlo. Este fenómeno se llama prueba social, esto en ciertos términos, no difiere demasiado de lo que es su marca personal, es decir, la imagen pública que la gente percibe de ti.

Simpatía

A nadie le sorprende que, por regla general, preferimos consentir las solicitudes de las personas que conocemos y que nos gustan. Lo que quizás no sepa es que esta regla simple a menudo es utilizada por aquellos que no lo conocen para convencerlo de que compre ciertos productos o elija ciertos servicios.

La simpatía consiste en hacer que el interlocutor sienta emociones, y por esta razón, cuanto más pueda hacer que tus interlocutores sientan atracción hacia ti, más se sentirán inclinados a ser persuadidos por ti. Los resultados de ciertas investigaciones según las cuales, las personas están más influenciadas por personas mejor vestidas, carismáticas y capaces de crear entusiasmo son, por lo tanto, bastante naturales.

¿Quieres convencer a una persona de algo? Convence a su amigo primero, se convertirá en tu mejor arma de persuasión.

Autoridad

La mayoría de las personas en este mundo, han sido educados desde su nacimiento para pensar que obedecer la autoridad legítima es correcto, desobedecer mal. Este mensaje esencial llena las enseñanzas de los padres, las historias de las escuelas, la historia de la humanidad, los códigos civiles, las reglas de comportamiento, el entrenamiento militar. La educación religiosa incluso contribuye a ello. La Biblia cuenta cómo la desobediencia a la autoridad suprema causó la pérdida del paraíso para Adán, Eva y el resto de la humanidad.

Cuando éramos pequeños, las personas como padres y maestros sabían más que nosotros y teníamos que darnos cuenta de que aceptar sus ideas nos beneficiaba, en parte porque eran más sabios, en parte porque manejaban nuestras recompensas y castigos. Como adultos, los mismos beneficios persisten por las mismas razones, incluso si las cifras de autoridad han cambiado.

Lo que probablemente no sepa es que estamos inclinados a obedecer a la autoridad casi de forma automática e irracional, razón por la cual es precisamente una de las armas de persuasión más poderosas.

Dar la apariencia de autoridad aumenta la posibilidad de que nuestro interlocutor acepte nuestras solicitudes, incluso si nuestra autoridad no es totalmente legítima y proviene de apariencias falsas.

La persuasión a través de la autoridad se puede ejercer de diferentes maneras, hay profesionales que atribuyen el acrónimo "Dr." antes de su nombre, comerciales que visten lo suficientemente elegante como para parecerse al presidente de los Estados Unidos, famosos que mencionan sus apariciones en televisión. La autoridad no solo se ejerce con la apariencia, sino también con la forma de comunicarse, es mejor hablar directamente e imperativo con el interlocutor, más que de una manera cortés e indirecta. Cuando se nos dan "órdenes" dirigidas por una figura autoritaria, a menudo nos sentimos más seguros, ya que estamos convencidos de que la persona que nos da la "orden" sabe lo que está diciendo.

Escasez

La tendencia a ser más sensible a las posibles pérdidas que a las posibles ganancias es uno de los descubrimientos más respaldados en el campo de las ciencias sociales y la persuasión. Los productos adquieren un mayor valor cuando la percepción de su disponibilidad es limitada, no es casualidad que miles de personas en el mundo estén dispuestas a pagar cantidades inimaginables por automóviles, botellas, ropa disponible en algunas piezas en el mercado. Seguramente ha encontrado varios anuncios que enfatizan la pérdida potencial de una gran oportunidad, con frases como:

- *"No pierdas la oportunidad de tu vida"*.
- *"Mira de lo que te has estado perdiendo todo este tiempo"*.

Si el producto o servicio que está vendiendo es realmente único, asegúrese de enfatizar este concepto como una oportunidad inevitable.

En definitiva, la persuasión es una herramienta y, como cualquier herramienta, puede usarse para fines correctos o incorrectos.

Influir mediante la comunicación

Tu capacidad para persuadir e influir en las personas, para que comprendan y acepten tus ideas con el fin de actuar en consecuencia, es de fundamental importancia para tu éxito. De hecho, las personas que hablan persuasivamente tienen una ventaja personal, hasta el punto de que logran terminar sus actividades y alcanzar sus objetivos más rápidamente. Aprender a persuadir a las personas y a influir en ellas lo ayudará a tener más éxito en todos los ámbitos de su vida, en el hogar, en el trabajo y en su comunidad.

Es importante recordar que la persuasión no es manipulación. La manipulación es el control y la coerción llevados a cabo por la fuerza, para hacer que alguien haga algo, o hacer creer a alguien, de quien, sin embargo, no recibe ningún beneficio. La persuasión utiliza la razón, argumentos sólidos y ventajas tentadoras, para que los demás actúen en su propio interés.

No trates de persuadir a aquellos que no quieren ser persuadidos, Elije tu círculo e identifica a aquellos que están más abiertos a sus ideas, tus puntos de vista y tus productos o servicios, y concentra tus energías solo en ellos.

- *Si la gente no te cree, no querrá escucharte*

La credibilidad es la base de todo lo que dice y hace, así como la fiabilidad, la confianza y la seguridad: sin ellas, se perderá.

- *Nos gustan las personas como nosotros*

Todos prefieren decir "sí" a las personas que más les gustan. Es por eso que, antes de lanzarte de lleno al trabajo, es recomendable hablar un poco sobre ti, lo que hace y, si es posible, encontrar algún punto en común o felicitar a los que están frente a ti.

- *Ponte en su lugar*

Si te paras a pensar en ti mismo y en lo que quieres lograr cada vez, nunca convencerás a nadie; más bien, aprenda a hablar de manera más consistente con los demás sobre lo que quieren: esta es la única forma en que atraerá su atención.

- *Ofrece algo para obtener algo más a cambio*

Todos estamos atados a querer algo a cambio, de hecho, la regla de reciprocidad es muy fuerte en cada uno de nosotros. Al dar algo, hacer un favor o una concesión y dar alguna consideración a los demás, siempre pensamos que, por otro lado, nos sentimos en deuda para restablecer la amabilidad.

- *Lo que vemos es tan importante como lo que sentimos.*

Te guste o no, las personas juzgan por la primera impresión de tu lenguaje corporal, comportamiento, carácter, gestos y tu forma de vestir. Todos estos elementos tienen un fuerte impacto en su capacidad para persuadir a los demás, por lo tanto, trate de hacer su mejor esfuerzo para causar una impresión positiva.

- *La confianza y la seguridad serán tu punto fuerte*

Todos necesitamos tener confianza y confianza en nosotros mismos, de hecho, gracias a esta combinación podrás persuadir a los demás, pero solo si realmente crees en lo que haces.

- *Tener autoridad*

La gente escucha a los expertos, les da confianza y dinero todos los días; por lo tanto, dado que nuestra reacción ante la autoridad es tan poderosa e inmediata, aprenda a decir sí más rápido y con mayor frecuencia.

- *El conocimiento es poder*

Conoce todo lo que te rodea y los temas que ofreces.

- *Construye tu reputación*

Tu reputación se basa en su pasado y en su integridad, así como en los objetivos alcanzados y su carácter, que son de fundamental importancia cuando desea influir en alguien; recuerda que tu reputación es tu mayor activo.

- *Encanto*

No hay forma de escapar de este aspecto, a la gente le gusta identificarse con aquellos que tienen más encanto. Por lo tanto, incluso si no tienes que ser modelo (lo que podría ser una distracción), deberás tener en cuenta tu aspecto todos los días.

- *No renuncies a todo de inmediato*

Por lo general, la gente quiere tener más cosas que le faltan a algo, por lo que, si desea que su audiencia actúe, tendrá que hacer sentir que le falta algo, incluso si ese algo podría ser usted.

- *Dar un sentido de urgencia*

Necesitas persuadir a otros ahora, en el presente, de modo que, si no los hace actuar y hacer lo que quiere ahora, tampoco lo harán en el futuro.

- *Establecer una relación*

Cuando los demás se sienten más cómodos contigo, también están más abiertos a tus ideas y consejos: escucha, haz preguntas abiertas, capacita a las personas, felicítalas y bromea, y verás que se apegarán.

- *Se persistente*

Si quieres persuadir a alguien, nunca pares, de hecho, la persona que persiste es la que será más persuasiva. Recuerde que la persistencia es de suma importancia, tanto en el trabajo como en la vida.

- ***Sé flexible con tus respuestas***

La persona con gran flexibilidad en su carácter tendrá más influencia que otras en cualquier situación, además de ser capaz de lograr los objetivos más fácilmente.

- ***Mantén la calma y controla tus emociones***

Las personas recurren a aquellos que saben cómo controlar sus emociones, especialmente en tiempos turbulentos de presión y estrés, piensa por un momento: ¿alguna vez recurrirían a un líder que entre en pánico a la primera señal de estrés?

- ***Elige tus batallas***

Las personas persuasivas entienden que la mayoría de las conversaciones no requieren que se acepte nada más en el otro lado. Por el contrario, las personas agresivas ponen a los demás a la defensiva, a diferencia de las personas persuasivas que saben cómo usar su poder.

- ***Escucha más de lo que hablas***

No puedes persuadir o convencer a los demás si no conoces a la persona que está frente a ti, aquellos que logran persuadir escuchan a los demás, no a ellos mismos, escuchan las objeciones, conexiones y pensamientos que tienen en común.

- ***Involucra a las personas***

Sonríe, establece contacto directo con ellos y habla con firmeza, claridad y lentitud, para que todo esto los ayude a relajarse e involucrarlos para que sean más receptivos e inclinados hacia tus ideas.

- *Intenta eliminar el miedo*

Ya sea que estés hablando con una persona, un grupo o una gran audiencia, sepa que las personas se ponen nerviosas fácilmente. Este nerviosismo crea una barrera para la persuasión, así que deja de pensar que no estás a la altura de lo que haces porque siempre podemos dar más y nadie es perfecto.

- *Explota el poder de las palabras*

La construcción del discurso y los términos utilizados tienen un efecto directo en el resultado del proceso de comunicación y determinan su éxito o fracaso. La psicolingüística estudia con precisión los efectos que las palabras producen en la mente y las emociones humanas. El éxito puede depender de las palabras correctas en el momento adecuado.

- *Mantén la actitud de tu interlocutor activa*

Si desea que se escuche su mensaje, debe despertar suficiente interés en las personas para mantener viva su atención. Obtener un nivel de interés constante es muy difícil por una simple razón; varios estudios han demostrado que el marco de tiempo en el que logramos mantenernos enfocados en un tema determinado es bastante limitado. Si tiene que hacer una solicitud o dar un discurso, es esencial que logre que su mensaje se entienda en el primer intento. La fase preliminar, de hecho, sienta las bases para el buen o mal resultado de la comunicación. Cuando note que la atención de su interlocutor se ha reducido, intente averiguar el motivo.

- ***Usa una mezcla explosiva de empatía***

Para ejercer empatía, debe escuchar con el corazón y con la mente, aprender a leer las emociones de los demás y ponerse en su lugar. Algunas personas están naturalmente inclinadas a sentir empatía y, por lo tanto, pueden usarla de manera efectiva; predicen cómo se comportarán los demás en una determinada circunstancia colocándose en su longitud de onda y, en consecuencia, saben cómo expresarse. Cuando hay empatía, inevitablemente se abre paso un sentimiento espontáneo de confianza. La capacidad de transmitir confianza es un factor que no debe subestimarse por su gran importancia a nivel psicológico. Aquellos que son verdaderamente sinceros, que muestran que tienen los problemas de su prójimo de corazón, le dan un tono diferente a la conversación, estimulan la receptividad del interlocutor y lo inducen a abrirse. Es por eso que la mezcla de empatía y sinceridad lo ayudará a desarrollar su comunicación persuasiva de la mejor manera.

- ***Pon atención al lenguaje corporal***

El comportamiento no verbal determina de manera decisiva la impresión que tenemos de los demás y lo que tienen de nosotros. Todos los expertos en el campo están de acuerdo en que la interpretación de las actitudes humanas se basa principalmente en factores visuales, seguidos de factores vocales y solo el contenido de los mensajes. Si el interlocutor encuentra consistencia entre sus expresiones y las palabras que pronuncia, se le hará sentir un mayor sentimiento de confianza hacia usted, lo que le permitirá ser influenciado más fácilmente. Si, por otro lado, sus expresiones contradicen sus palabras, tenderá a cerrarse y alejarse de usted.

Elige la mejor táctica de influencia para cada situación, y así, comprender qué podría funcionar mejor para una tarea o estrategia específica, considera lo siguiente:

- *Tener en cuenta el aprendizaje social*

La mayoría de personas suelen imitar las decisiones de los demás, ya que suponen que otros tienen información que estas no. Sin embargo, las decisiones de otras personas pueden derivarse de consideraciones que son irrelevantes para nosotros. Debemos tener cuidado al seguir las elecciones de los demás, conscientes de que pueden no ser adecuados para nosotros.

- *Cuidado con la igualdad*

Lo primero que hacemos es ir con el voto de la mayoría. La mayoría, sin embargo, puede estar equivocada. En lugar de dar el mismo peso a la opinión de todos, considera la información que puede ayudar a determinar quién es el experto en la sala. Podría ser una niña de ocho años.

- *Evaluar la situación*

¿Por qué estás involucrado en este trabajo? ¿Por qué necesitas el apoyo de esta persona? ¿Qué resultados estás tratando de lograr al influir en esta persona? Se claro sobre quién necesitas influir y qué quieres lograr.

- *Conoce a tu audiencia*

Identifica y comprende a sus partes interesadas. Cada uno tendrá preocupaciones y problemas especiales, así como su propia agenda, perspectivas y prioridades. Varios grupos e individuos requerirán diferentes enfoques para influir. Adapta tu estrategia de influencia para la persona en particular, considerando personalidades individuales, metas y objetivos, así como los roles y responsabilidades de la organización.

- *Revisa tu habilidad*

¿Qué tácticas usas con más frecuencia? ¿Cuál parece ser más efectiva? ¿Qué nuevas tácticas podrías probar en esta situación? También recurre a otros para recibir ayuda y asesoramiento. Por ejemplo, si siempre se enfoca en las apelaciones lógicas, haz que un compañero de trabajo que sea un colaborador fuerte te ayude a pensar a través de sus tácticas y argumentos de colaboración.

- *Tus emociones son contagiosas*

Nuestras emociones son privadas. Otros absorben tus sentimientos al instante, constantemente e inconscientemente, e influyen en sus acciones. Ten en cuenta que estás provocando emociones en los demás, simplifícalas al experimentarlas tú mismo. Por ejemplo, cuando alguien está estresado, tiende a confiar menos en las personas que lo rodean y se vuelve menos social. Aunque no siempre es una tarea fácil, este puede tratar de regular sus emociones antes de interactuar con los demás.

- *Cambia el mensaje para destacar*

Si tenemos algo importante que transmitir, otros querrán saberlo. En particular, si la información está vinculada a un mensaje sombrío, muchos la evitarán activamente. Vuelve a enmarcar el mensaje para que la información que proporciones induzca sentimientos positivos, resalte la brecha informativa que estás llenando y muestres que el conocimiento se puede utilizar para mejorar.

- *Haz una lluvia de ideas sobre tu enfoque*

¿Qué tácticas funcionarían mejor?, ¿Qué enfoques lógicos serán más efectivos?, ¿Cómo podría hacer una apelación emocional o cooperativa?, ¿Qué podría decir y hacer específicamente para usar cada tipo de táctica?, Anticipe las posibles respuestas y prepare su respuesta. ¿Qué argumentos en contra podrías usar?, ¿Qué tácticas influyentes adicionales serían útiles?

Al principio, es posible que desees probar nuevas tácticas influyentes en situaciones de bajo riesgo, practicando uno a uno. Concéntrate en desarrollar las habilidades clave necesarias para influir en los demás. A medida que te vuelvas más versátil y experimentado, ganarás más confianza en tu capacidad para influir en equipos y grupos más grandes, y para persuadir a otros en situaciones de mayor riesgo.

Pero también considera cambiar las tácticas de inmediato si tienes un problema urgente que se ha estancado debido a la falta de aceptación o apoyo. ¿Habría una diferencia un enfoque más lógico, emocional o colaborativo? Si es así, sigue adelante y prueba una apelación desde un ángulo diferente: es posible que te sientas más influyente de lo que creías.

La comunicación persuasiva es el ingrediente principal del éxito personal y profesional, una modalidad expresiva que combina el asertividad y la empatía. Saber comunicarse de manera persuasiva significa ganarse la atención, el interés y la confianza de las personas frente a nosotros.

Capítulo 8:
Cayendo en la manipulación

La manipulación es una forma profunda de abuso psicológico: es muy difícil entender que estamos siendo manipulados y aún más difícil salir de ella, porque se basa en nuestros miedos más profundos; el miedo al abandono, a no ser amados, etc. Aunque la manipulación es un fenómeno muy extendido en la sociedad actual, a menudo se subestima y es difícil de diagnosticar, y puede manifestarse en todas las relaciones con una participación emocional particular, en las relaciones sentimentales, en las relaciones laborales, en las amistades, en las relaciones familiares, etc. En este capítulo se mostrará las repercusiones emocionales de las personas que son víctimas de la manipulación.

Perfil de las victimas

Las personas que tienden a convertirse en víctimas de la manipulación, suelen ser personas muy sensibles, muy cercanas a las necesidades de los demás, emocionalmente frágiles o inseguras (pero no necesariamente), con una gran capacidad de empatía, temen a la soledad y tienen miedo de ser abandonados, idealizan al otro con facilidad, no quieren decepcionar a los demás, necesitan siempre darse una imagen positiva. Los rasgos descritos anteriormente se encuentran comúnmente en el trastorno de personalidad dependiente, y no es raro que las personas con depresión sean sometidas a relaciones manipuladoras. Sin embargo, se debe hacer una aclaración importante; muchas relaciones de manipulación tienen como contrapartida un individuo sociópata o depredador, que explota al otro para obtener poder, control, dinero, rango social o gratificación sexual. En estos casos, la víctima es a menudo una persona acomodada y profesionalmente satisfecha que tiene una red social amplia y una situación económica estable y sólida.

En general, podemos indicar algunos elementos que predisponen a convertirse en víctimas de la manipulación:

- Deseo de aprobación.
- Deseo de una relación intensa y funcional.
- Fuerte empatía.
- Miedo a perder al otro.
- Querer que otros siempre piensen bien de ti.
- Necesidad de tranquilidad y contención.
- Baja autoestima.
- Trastorno de personalidad dependiente.

Los siguientes representan los factores predisponentes más frecuentes y comunes encontrados para las características psicológicas de las personas que han sido víctimas de manipulación:

- **Miedo al abandono**

Esta es la definición del miedo, de la persona sujeta a la manipulación emocional por parte de la pareja, de ser abandonado, rechazado o no aprobado. En estas personas, el deseo de evitar una "explosión emocional" por parte del otro, generalmente caracterizado por:

- Gritos e insultos, hasta manifestaciones de agresión física (romper platos, golpear las puertas, golpear la pared, arrojar objetos o amenazar a la víctima).

- Críticas destructivas (por ejemplo, no puedes mantener una relación sana, no puedes cuidar a los niños, no me sorprende que siempre estés peleando, etc.).
- Silencio y distancia emocional (castigo emocional particularmente afectivo por hacer que la víctima se sienta no amada o culpable).
- Malos deseos (por ejemplo, ya nadie te amará, estarás solo por el resto de tu vida, nadie te tolerará más, etc.).
- Inculcar dudas e inseguridades, cuestionando sus percepciones, su memoria y su sentido de la realidad.

- *Deseo de una relación funcional*

Algunas personas, especialmente las mujeres, están particularmente inclinadas a vivir relaciones amorosas de una manera funcional. Estas personas, independientemente de cuán competentes, fuertes y activas en otras situaciones de la vida, sienten la necesidad absoluta y profunda de contar siempre con la aprobación del manipulador, quien está idealizado por ellas. En estos casos, con el paso del tiempo, la víctima, para no contradecir a su manipulador, comienza a cuestionar su visión de la realidad y a renunciar a ella junto con otras necesidades, para mantener la condición de "funcional" de la relación. Esta es la principal motivación que empuja a algunas víctimas a justificar continuamente sus acciones, incluso si saben que tienen razón, a discutir durante horas y horas con el manipulador para demostrar que han sido corregidas, etc. En resumen, hacen todo lo posible para defender su imagen de sus ojos. De hecho, no pueden soportar ser desaprobados y juzgados negativamente por el otro y esto los empuja a comenzar discusiones desconcertantes e interminables sobre asuntos incluso triviales, o a renunciar a su punto de vista para adherirse al del manipulador y demostrar que han corregido, etc.

- *Gran capacidad y sensibilidad empática*

Uno posee una marcada capacidad de empatía hacia el otro, lo que lleva a sentir profundamente sus eventuales sufrimientos y su incomodidad, y a desear de esta manera que esto cese. Sin embargo, a veces es necesario separarse de este mecanismo para volver a salvaguardar su autonomía y su propio bien, evitando caer en esta trampa que inevitablemente termina alejándote de ti en un intento de cuidar exclusivamente al otro.

- *Convención de no poder hacerlo solo*

A menudo se trata de personas con baja autoestima y con una tendencia a apoyarse en los demás, tanto emocional como concretamente, para realizar muchas actividades en sus vidas, en la creencia de que son incapaces de ver por tu cuenta.

- *Vulnerabilidades relacionadas con el contexto*

Sin embargo, también es importante saber que puede ser víctima de una relación manipuladora y abusiva debido a vulnerabilidades relacionadas con situaciones contingentes: pérdida de trabajo, separación o duelo, pérdida de hogar, mudarse a un otra ciudad o vecindario, u otras condiciones de vida y personales que pueden hacernos temporalmente frágiles, confundidos y ansiosos de apoyo.

En capítulos anteriores se detallaron algunas de las principales características de los manipuladores y sus técnicas. Pero, ¿según qué criterio elige el manipulador a su víctima ideal? Normalmente, un narcisista o un mentiroso patológico, eligen a sus víctimas en función de ciertas debilidades que denotan. Cada manipulador podría actuar sobre una debilidad particular, pero al tratar de resumir las diversas teorías, podríamos decir que el manipulador intenta aprovechar:

- ***Ingenuidad o culpa excesiva***

Es decir, a las personas que no pueden percibir el mal en el otro y creen que los demás son siempre honestos. Baja confianza en sí mismo o baja autoestima: personas que creen que no merecen amor o no son seguros de sí mismos, son más fáciles de manipular y convencer. Incluso aquellos que aún no han definido su identidad pueden sentirse comprometidos por un manipulador.

- *Adicción*

Las personas que tienden a sufrir algunas formas de adicción, especialmente la emocional, tienden a depender de otras y son sumisas a su equilibrio emocional. Es por eso que el manipulador puede influir fácilmente en estas personas.

- *Racionalización*

Tratar de llevar todo de vuelta a un nivel lógico o comprender las razones del manipulador puede hacer que pierdas de vista la realidad de las cosas.

- *Soledad*

Incluso la soledad o la búsqueda continua de aprobación por parte de otros pueden hacerlos fácilmente manipulables. Estas son algunas características generales que pueden hacer que una persona sea vulnerable a las técnicas de manipulación.

Obviamente hay otros, y cada caso es particular; si te sientes a merced de la manipulación, siempre es mejor pedir ayuda a un especialista.

Síndrome de manipulación relacional

La figura del manipulador relacional; que puede ser indistintamente masculino o femenino, detrás del cual se ocultan enfermedades psiquiátricas graves, a menudo no diagnosticadas, desde el narcisismo maligno hasta la psicopatía, está muy extendida en nuestra sociedad. Un tema de difícil identificación debido al camaleón que caracteriza su forma de actuar, apunta a la subyugación y aniquilación psicológica de las víctimas, mujeres u hombres, que elige con cuidado para inducirlos, mediante el uso de mentiras, subterfugios y engaños. Son seductores y llenos de atención en la fase inicial de la relación, los manipuladores usan máscaras diferentes para atraer presas a su red, que deciden hostigar y crear dependencia utilizando las palancas emocionales de la culpa y el miedo.

Raramente responden a los estereotipos ordinarios de la imaginación colectiva que quieren al abusador ignorante, feo, grosero y vulgar. Los manipuladores son extremadamente sutiles y están ocultos detrás de personas que a menudo son atractivas, educadas, amables e incluso de clases sociales altas.

Después de seducir y capturar a la presa, obtienen su dependencia emocional, y estos manipuladores revelan su verdadera naturaleza dando paso al maltrato, la humillación y la degradación mediante el uso de su arma favorita; comunicación agresiva, ambigua y desestabilizadora. Estos son individuos insensibles e irresponsables, sin culpa y sin empatía precisa, incapaces de arrepentirse de las víctimas para drenar su energía y desestabilizar sus emociones. Su objetivo principal, del cual solo son parcialmente conscientes, es matar la vitalidad del otro a fuego lento, tratando primero de hacerlo perder la razón.

Desafortunadamente, rara vez son diagnosticados debido a su transformismo innato. Son difíciles de identificar en sus debilidades. Sin embargo, hay una constante, todos apuntan a subyugar a otros aniquilándolos a nivel psicológico. Lo hacen mediante el uso de todos los engaños que son capaces de hacer. Cualquiera puede encontrarse con uno e incluso en este caso los estereotipos habituales que quieren que la víctima sea frágil, indefensa y con poco respeto propio no son válidos. De hecho, muchas mujeres y hombres fuertes y estructurados caen en esta trampa; todo lo que necesitan es una herida narcisista, la herida presente en la mayoría de nosotros, que se refiere a un pasado de no reconocimiento o falta de comprensión por parte de las figuras de referencia, de las propias necesidades, del propio dolor, compromiso, conquistas y, en general, de solo estar allí.

En la fase inicial, la víctima no comprende lo que está experimentando, tanto por la intermitencia de la violencia psicológica que sufre, como por el esfuerzo por aceptar que un ser querido puede querer dañarlo intencionalmente poco a poco. Sin embargo, al tiempo comienza a darse cuenta de las graves consecuencias físicas y psicológicas que se derivan de haber estado en contacto durante mucho tiempo con estos sujetos que inevitablemente llevan a quienes los sufren a una poderosa desestabilización. Por otro lado, las víctimas rara vez identifican el vínculo causal entre la manipulación, la inquietud, el malestar y la desestabilización.

Trastorno de la personalidad dependiente

La adicción puede definirse como una necesidad excesiva de depender de otros para recibir apoyo, orientación, alimentación y protección. Las personas con trastorno de personalidad dependiente tienen niveles significativos de ansiedad, que se desencadenan al tomar decisiones diarias, comenzar o completar tareas y percibir el rechazo de otros. Para regular esta incomodidad, los sujetos buscan orientación, tranquilidad y apoyo. A menudo prefieren renunciar a tener control incluso sobre aspectos cotidianos de sus vidas, pidiendo consejos sobre qué ponerse, qué elegir en el restaurante o a qué hora hacer una cita. Muy a menudo estas personas se sienten impotentes en sí mismas y, por lo tanto, en busca de apoyo, reducen la ansiedad relacionada con la carga percibida de cuidarse a sí mismas.

La característica clave del trastorno de personalidad dependiente es, de hecho, la necesidad excesiva de atención y protección asociada con el miedo a estar solo. La necesidad de ser atendido puede llevar a la persona dependiente a considerar indispensables a los seres queridos, a someterse a sus necesidades y deseos y a pensar que tienen enormes dificultades para comenzar y continuar cualquier actividad sin su ayuda.

Las personas con trastorno de personalidad dependiente tienen una imagen de sí mismos como impotentes y, por lo tanto, intentan unirse a una figura más fuerte que les pueda proporcionar los recursos para sobrevivir y ser felices.

Las causas del trastorno dependiente aún no se entienden completamente. Sin embargo, los profesionales de la salud mental especulan que los factores genéticos, temperamentales y ambientales contribuyen en la interacción a su desarrollo. La sensibilidad particular a la ansiedad, el apego inseguro y la visión pesimista también juegan un papel en la aparición de este problema de personalidad.

La investigación ha demostrado una alta correlación entre el comportamiento dependiente en niños de 7 a 8 años y la personalidad dependiente de un adulto. La tendencia en estas familias es supervisar a los niños desalentando la independencia. Por ejemplo, algunas personas que están siendo tratadas esperan ser criticadas por tomar decisiones por su cuenta, argumentando que este tipo de expectativa proviene de lo que sucedió con los miembros de la familia.

Sin embargo, padecer de este trastorno tiene algunas consecuencias. En general, las personas con trastorno de personalidad dependiente eligen parejas con personajes fuertes, a menudo narcisistas, que adoptan un comportamiento dominante hacia ellos y que, en algunos casos, pueden volverse abusivos. El miedo a perder personas y ser abandonado y dejado solo, típico del trastorno de personalidad dependiente, de hecho, hace que estas personas sean víctimas potenciales de manipulación y abuso. Les resulta difícil expresar el desacuerdo y tomar decisiones independientemente de los demás al experimentar miedo y pánico solo ante la idea de hacer algo solo sin la ayuda de nadie. Por un lado, esto genera un fuerte sentido de coerción al tener que ayudarlos continuamente y, por otro, un sentimiento cada vez mayor de poder dentro de la pareja. Dado que estar solo es extremadamente difícil o calificado como imposible.

Codependencia y las tres diferencias

Debemos distinguir el trastorno de personalidad dependiente, la dependencia emocional y la codependencia.

Una persona es codependiente cuando se vuelve excesivamente condicionada por el comportamiento de otro (pareja, padre, amigo, hijo, etc.) y al mismo tiempo trata de controlarlo de una manera igualmente exagerada. La diferencia entre la dependencia emocional y la codependencia es que en el primero puede elegir una pareja que no tenga problemas particulares, en el segundo, el objeto de la adicción es una persona que seguramente también tiene una dependencia patológica.

Los codependientes eligen otros sujetos que son dependientes, porque están convencidos de que estos últimos necesitan a alguien para "salvarlos". A veces, si tienen éxito en su papel de salvadores, la relación termina e inmediatamente buscan a otro para salvar porque no pueden mantener relaciones con personas que no necesitan ayuda.

Hay muchos puntos en común entre codependientes y dependientes emocionales:

- Enfocan sus vidas en los demás.
- Tienden a invertir continuamente sus energías en controlarse a sí mismos y a los demás, aunque se experimentan consecuencias negativas.

- Asumen la responsabilidad de otros o situaciones incontrolables, para satisfacer las necesidades de la pareja, incluso para negar las propias.
- No perciben los límites entre uno mismo y el otro.
- Están convencidos de que encuentran la felicidad fuera de sí mismos.
- Atribuyen su infelicidad y falta de voluntad para cambiar su situación a causas externas.
- Aspiran a la estima y el amor de los demás.
- No pueden amarse y necesitan a alguien que los convenza de ser amados.
- Se sienten atraídos por las personas en dificultad y se sienten aburridos con quienes están bien.
- Cada vez toleran más el comportamiento de otras personas que no habrían tolerado anteriormente.
- Se sienten culpables por el comportamiento incorrecto del otro.
- Establecen una relación simbiótica entre ellos y si uno de los dos decide "sanar" o "cambiar" para mejorar, el otro se siente traicionado porque falta la relación que lo hizo sentir seguro.
- Siempre saben cómo cuidar al otro porque siempre lo han hecho y están acostumbrados desde muy pequeños.
- Desarrollar síntomas de ansiedad y depresión.
- Tienen un miedo obsesivo a perderse unos a otros y hacen todo lo posible para evitar que esto suceda.

Para superar situaciones de codependencia, primero hay que tomar conciencia de la dinámica, reconocer la existencia de las propias necesidades y cambiar el comportamiento y la forma en que las personas se relacionan con los demás. También es necesario, dentro de un camino terapéutico, trabajar también para consolidar la autoestima, a menudo carente de estos temas.

Una vez que se conoce el mecanismo y se comprende la responsabilidad de determinar y perpetrar la dinámica subyacente a la codependencia, las reacciones del sujeto pueden ser:

- Ira, con frecuentes pensamientos persecutorios (dirigidos hacia uno mismo o hacia los demás).
- Activación de recursos con el transporte de energía para enfrentar la situación y recuperar la vida.

Aquellos que deciden no querer enfrentar el cambio y, por lo tanto, la ruptura de la relación, se oponen a cualquier camino terapéutico, prefieren posponer en lugar de esperar que la situación cambie espontáneamente.

Aquellos que deciden por un camino verdaderamente terapéutico, implementan el cambio, deciden detener el mecanismo de la adicción y enfrentar las consecuencias a nivel emocional. Inicialmente, la sensación de sufrimiento y vacío debido a la falta de hábito de cuidar al otro presionará al sujeto que, si logra controlar la tentación de regresar, progresará hacia la conciencia.

Niveles de manipulación

Se reconocen tres niveles de manipulación, que se distinguen por la intensidad y los síntomas de la víctima.

Primer nivel

Es el nivel inicial. La manipulación ocurre raramente y a través de episodios ocasionales; pequeños malentendidos, enojo leve que, sin embargo, dejan un regusto amargo y una sensación extraña. El manipulador alterna momentos de dulzura con otros de crueldad, sin que este último pese demasiado. Como ejemplo, imagine a una mujer que acaba de comenzar una relación con un hombre y está en proceso de enamorarse. Una tarde van al cine, y en la taquilla la mujer intercambia una broma con el cajero. Al regresar a casa, el hombre la acusa de haber coqueteado con el empleado y, por lo tanto, de faltarle el respeto. La mujer sabe que esto no es cierto, pero tenderá a justificarse con su pareja. Comenzará a temer las reacciones de la pareja y comprobará lo que dice y cómo. Esta etapa podría durar unos meses o permanecer así con el tiempo, una buena conciencia y un buen diálogo podrían detener el mecanismo de manipulación.

Los signos más frecuentes de la persona manipulada en esta primera fase son:

- Sentimiento de confusión y desconcierto.
- Irritación.
- Control extremo frente al manipulador por miedo a su reacción.
- Miedo a ser malentendido.
- Sentimiento de ansiedad generalizada cuando la persona se acerca.
- Leve sensación de miedo durante las discusiones.
- Pesadillas ocasionales.
- Los amigos dudan de la relación.

Segundo nivel

Aunque todavía hay autoconciencia, en este nivel la persona que está siendo manipulada comenzará a vacilar y cuestionar lo que piensa y siente, lentamente comenzará a dejar de defender sus razones para no enfrentar al manipulador, y la aprobación de este último será cada vez más importante y la necesidad de sentirse amado se hará más fuerte.

Pueden aparecer las primeras disputas. El manipulador estará cada vez más motivado para demostrar que tiene razón. En esta fase, los delitos, las críticas, el chantaje emocional o los largos silencios también se manifestarán y la víctima, como no puede resistir estos tratamientos, estará cada vez más dispuesta a hacer cualquier cosa para evitarlos, el punto de vista del manipulador será más importante que el de la víctima.

Los signos más evidentes de esta segunda fase son:

- Sentimiento de fragilidad.
- ansiedad generalizada.
- Fatiga física y mental.
- Disminución de interés.
- Defender al manipulador frente a amigos y familiares.
- A menudo justifican los actos del manipulador.
- Amnesia sobre algunos episodios o algunos detalles de las conversaciones
- Culpa por enojar al manipulador.
- Pensamientos sobre lo que estaba mal al causar una reacción tan violenta.

Tercer nivel

Este es el nivel más grave y generalmente produce depresión. La víctima está convencida de estar equivocada, de no valer y, en consecuencia, de merecer este tipo de tratamiento. Comenzará a justificar cada vez más a su verdugo y tomará las defensas, mintiéndose a sí misma y a los demás. Es la fase de rendición y convicción de que el manipulador tiene razón. Así se hunde en la autoevaluación y se vuelve dependiente de su verdugo, la única preocupación será cumplir con las expectativas y necesidades del manipulador, evitando discusiones.

Los signos de esta última fase son:

- Depresión.
- Sentimiento de no valer, ser suficiente, estar equivocado.
- Pérdida de interés y apatía.
- Pérdida de placer.
- Ansiedad severa y ataques de pánico.
- Síntomas relacionados con el estrés (taquicardia, temblor, tensión muscular, migraña, etc.).
- Trastornos psicosomáticos (fiebre, gastritis, dermatitis, eczema, etc.).
- Fatiga física.
- Llanto desmotivado.
- Sentimiento de angustia y desconcierto.
- Sentimiento de miedo.
- Evita hablar sobre el manipulador con familiares y amigos.
- Justificación de todos los comportamientos adoptados por el manipulador.

Estos son síntomas que pueden ocurrir en parte o todos juntos, en el mismo período o en momentos alternos, y que van a configurar, en quienes lo padecen, un cuadro patológico que determina un sufrimiento psicológico extremo e incontrolable.

Violencia psicológica

La violencia psicológica puede ser tan grave como la violencia física, si no más. Las víctimas a menudo sufren de autoestima y luchan por reanudar sus vidas regularmente. Esta violencia, exactamente como la física, es parte de las formas más agresivas de abuso contra otras personas. Incluso hoy en día, desafortunadamente, se habla de ella como si fuera "menos grave" que la física, pero en realidad es peor.

La violencia psicológica es más difícil de reconocer que la física. Debido a esto, la víctima a veces se demora en darse cuenta de lo que está pasando. Sin embargo, como siempre, el hecho de identificar rápidamente los signos de un problema permite resolverlo más fácil y rápidamente. Siempre hay un desequilibrio en la raíz de la violencia psicológica entre dos personas. Por lo general, uno de los dos intenta constantemente enfatizar la inferioridad del otro. Sin darse cuenta, la víctima comienza a creer cada vez más profundamente en la interpretación de los demás y en los intentos de disminuirla, entrando así en un círculo vicioso que socava su integridad y confianza en sí mismo.

Síntomas

- ***Necesidad de aprobación***

Dentro de esa dinámica, la persona lesionada comienza a desarrollar una especie de dependencia del juicio de los demás. Continuamente reprochada por no hacerlo bien, esta comienza a preguntarse si hay algo en lo que sea realmente "adecuada". Él está constantemente en busca de reconocimiento y comienza a preocuparse mucho por parecer impecable, tanto en el aspecto físico y el comportamiento. A menudo, incluso inconscientemente, se coloca en la posición de quién debe ser juzgado y comienza a elegir, incluso fuera de la relación enferma, las personas que actúan de la misma manera y que están listas para señalar defectos en lugar de méritos.

En las víctimas de violencia psicológica, esta forma de relacionarse con los demás a menudo está presente. No es necesario decir, sin embargo, que esta búsqueda de la perfección nunca terminará y que quienes la padecen nunca encontrarán una satisfacción completa. Por lo tanto, fácilmente surgirán sentimientos como la culpa y la sensación de no tener éxito y ser inútil.

- **Aislamiento**

La víctima de la violencia psicológica, a menudo se siente sola y aislada. Él cree que no puede ser entendido y que la violencia verbal que sufre a diario no es tan importante como para que pueda ser referida a otros o que, incluso si hablara de ello, no se entendería. A menudo siente que está viviendo de una manera separada. La búsqueda constante de no experimentar las emociones que causan su sufrimiento, en realidad, también la aleja de las positivas. Quienes han sufrido violencia psicológica se sienten bloqueados, no pueden decir que están bien, pero ni siquiera entienden completamente su malestar.

- *Ira*

A medida que pasa el tiempo, si la víctima de la violencia no puede escapar de la relación que lo oprime, comenzará a desarrollar un sentimiento de ira hacia su perseguidor, pero también, a menudo, hacia otras personas. El sentimiento constante de estar bajo juicio podría llevarla a pensar que todos están actuando de esta manera hacia ella. Además de causar un estrés considerable, esta forma de relacionarse también podría causar dolencias físicas. Muchas víctimas de violencia psicológica sufren cambios en la presión arterial, sensación de opresión en el pecho o arritmias cardíacas.

- *Desconfianza de los demás*

Aquellos que sufren violencia psicológica gradualmente comienzan a albergar una especie de desconfianza hacia los demás, no solo hacia su agresor. A menudo se sienten amenazados y se vuelven más atentos a todo lo que otros hacen por temor a ser atacados y no estar preparados. En realidad, este estado de hipervigilancia mantiene a la persona en constante tensión, lo 'agota' emocionalmente y, en lugar de ser un mecanismo de defensa como pretendía, empeora la situación.

- *Ansiedad*

Entre los síntomas que aparecen primero en aquellos que son víctimas de este tipo de violencia, hay ansiedad. Las perturbaciones del sueño, los pensamientos angustiantes y los miedos pueden asomarse fácilmente a la mente de quienes experimentan este abuso. La depresión también se puede alcanzar en los casos más graves y si no se toman medidas oportunas.

Tipos de violencia psicológica

Existen diferentes tipos de violencia psicológica según las personas y las situaciones en que se lleva a cabo.

- *Violencia psicológica contra la mujer*

   La violencia contra la mujer está muy extendida, como a menudo nos recuerdan los informes noticieros. Desafortunadamente, cuando algo así es noticia, sucede porque, en la mayoría de los casos, se ha degenerado y ha dado lugar a violencia física que ha causado daños a quienes la han sufrido. Pero, como se describió anteriormente, la manipulación psicológica no debe subestimarse y, un compañero que presenta rasgos psicópatas, entendido como un individuo manipulador y falso, que mantiene a su compañero bajo su propia influencia negativa, también podría convertirse en un individuo violento. es peligroso.

- *Violencia psicológica en la pareja*

   Igualmente, la agresión psicológica en la pareja también puede ser llevada a cabo por la mujer hacia el hombre. Por ejemplo, la mujer puede reprochar continuamente al hombre por "no ser suficiente" para ella o por no darle el amor que se merece o todo lo que se merece materialmente. Tales afirmaciones, incluso si no están justificadas, gradualmente pueden hacer que el hombre se sienta cada vez más inadecuado e inadecuado. Las demandas de una mujer sobre su hombre pueden no ser tan obvias. A menudo somos testigos de comportamientos pasivo-agresivos mediante los cuales la esposa usa frases como: "haz lo que quieras, pero sabes cómo soy yo". Este es solo un ejemplo de cómo puedes expresar lo que quieres incluso sin decirlo claramente. Esta modalidad hace que la víctima se sienta culpable de que si, como sucede a menudo, tiene una disposición buena y complaciente, hará lo que debe hacer para satisfacer a su cónyuge, mientras pisotea sus necesidades por enésima vez.

- *Violencia psicológica en la familia*

También se pueden utilizar mecanismos similares con los niños para tratar de manipularlos y dirigirlos hacia ciertos hábitos o estilos de vida. Es suficiente que la madre o el padre expresen su desaprobación de cierta compañía, de una salida nocturna, de una prenda o forma de ser, porque el niño, especialmente si es pequeño, tácitamente comienza a obedecer. Este astuto método de violencia psicológica familiar puede llevar al niño, a la larga, a convertirse en un adulto inseguro y una presa fácil de nuevas manipulaciones.

- *Violencia psicológica hacia los niños*

Los niños a menudo son víctimas de violencia verbal, abuso psicológico, mental y maltrato. La violencia psicológica infantil es un patrón de comportamiento que compromete el desarrollo emocional o la autoestima del niño. Este modelo incluye: agresiones, críticas constantes, amenazas, rechazo y falta de amor, apoyo u orientación. El abuso psicológico de un niño es un modelo de comportamiento intencional verbal y no verbal, o una falta que atención al niño, no tiene valor, está equivocado, nadie lo quiere o que solo puede tener valor si satisface las necesidades de alguien más. Esta forma de violencia se divide en algunas categorías:

- Rechazo: cuando lo rechazas, lo haces sentir inútil, le quitas sus ideas o emociones, te niegas a ayudarlo.
- Desprecio: menospreciarlo, ridiculizarlo, humillarlo, hacer que se sienta avergonzado, criticarlo, insultarlo.
- Clima de terror: amenazándolo con violencia física, abandono, muerte o destruyendo todo lo que tiene, colocándolo en un ambiente caótico y peligroso, castigándolo si no cumple con las expectativas.
- Aislamiento: aislarlo física y socialmente, limitando sus oportunidades de socializar.
- Descuido: ser desatento e ignorar sus necesidades emocionales, evitar el contacto físico y el afecto, descuidar sus necesidades primarias, educativas y de salud.
- Violencia doméstica: exponer al niño a palabras violentas y comportamiento o agresión entre padres.

Los síntomas de esta forma de violencia incluyen:

- Mala relación y dificultades escolares.
- Trastornos de la alimentación.
- Comportamiento rebelde.
- Trastornos del sueño
- Síntomas físicos (dolor de cabeza, estómago, cansancio).
- Dificultades emocionales como baja autoestima, depresión y ansiedad.

Cuando un niño es víctima de agresión psicológica, puede mostrar dificultades de relación que pueden durar hasta la edad adulta. Es muy común que un niño que haya vivido en un entorno así, recrea esas relaciones. El principal problema está relacionado con la dificultad de regular las emociones, dado que estos niños a menudo son castigados cuando expresan sus emociones, nunca aprenden a expresarlas de manera razonable y segura. Esto a menudo conduce a reacciones como ira descontrolada, ansiedad y experiencias depresivas.

Rasgos y comportamientos de una víctima

En el mundo actual, siempre es más fácil ser víctima de un manipulador o un manipulador. La compañía con alguien parece ser capaz de producir estos elementos en cantidades industriales.

- *No estás tranquilo*

La primera señal de que estás tratando con un manipulador es tu nivel de tranquilidad. Los manipuladores son totalmente incapaces de hacer que sus víctimas sientan paz, de hecho, se centran precisamente en el miedo y la tensión que pueden causar para unir a los demás, por lo tanto, si siempre se siente bajo tensión, es muy probable que esté tratando con uno de ellos.

- *Eres una víctima de las migajas de pan*

Las migajas de pan es la técnica preferida de los manipuladores, utilizada para mantener a sus víctimas bajo tensión. Consiste en una alternancia de manifestaciones de interés y desinterés, en primer lugar, capaz de provocar una sensación placentera e inmediatamente después de desagrado o miedo. Por ejemplo, podría decirte que eres extremadamente importante y luego decir que no quiere estar contigo. La migaja de pan se reconoce como una demostración de una personalidad perturbada y experimentarla casi siempre es una indicación de que se trata de un manipulador.

- *Pensamientos obsesivos sobre la persona*

Todo lo que haces es pensar en la otra persona casi cada minuto del día, ya no puedes atender cómo deberías en el trabajo o en los estudios porque no haces nada más que reflexionar sobre cómo puedes conectar con la persona que te gusta. Si desarrollas este tipo de pensamiento obsesivo sobre alguien, es muy probable que estés lidiando con un manipulador precisamente porque el sentimiento de incertidumbre y tensión que te lleva a pensar de esta manera es causado por su actitud incierta.

- *Eres celoso obsesivo*

Al igual que los pensamientos obsesivos, los celos obsesivos también son una señal casi inequívoca de que se trata de un manipulador. Los manipuladores, de hecho, enfocándose en la migaja de pan y en la alternancia de las sensaciones positivas y negativas que estimulan en ti, constantemente te permiten bailar al filo de la navaja, estimulando la creación de un nivel de celos obsesivos.

- *Te culpa por el estado de ánimo que causa en ti*

Primero, hace todo lo posible para mantenerte en la incertidumbre y hacerte bailar entre la creencia de que eres importante para él/ella y que no hay nada que hacer y luego, cuando respondes a estas actitudes te pones celoso y estresado, te culpa por estos estados de ánimo te hacen sentir mal. La realidad es que casi todos los comportamientos obsesivos, a menos que sean causados por traumas del pasado, son causados por la persona con la que está tratando y culpar a los mismos no es, para un manipulador, la forma de hacer sentir a las personas la víctima aún más insegura e inadecuada al cumplir con sus responsabilidades sobre ella.

- ***Te da esperanzas o amenaza con dejarte***

Esta es una señal clave, los manipuladores no necesariamente viven tanto de los resultados sexuales como de la realización del ego. Lo que quieren es tener el control de la otra persona para que puedan sentirse importantes. Puedes escuchar decir cosas como:

- *"Si realmente me quieres tienes que trabajar duro para conquistarme".*
- *"Si realmente soy importante para ti, entonces tienes que cambiar y convencerme de que eres la elección correcta".*
- *"Si no cambias, juro que te dejo".*

De esta manera se aseguran de que tienen poder sobre la otra persona, siendo su obsesión. No hay mayor poder sobre alguien que obligarlo a cambiar por nosotros mismos después de todo.

- ***Desarrollar actitudes obsesivas compulsivas***

Uno de los rasgos de la manipulación es el desarrollo de un comportamiento obsesivo compulsivo y, por lo tanto, muchas actitudes obsesivas compulsivas se desarrollan cuando una persona se encuentra viviendo en una situación de incertidumbre casi total, lo que lleva a su psique a buscar seguridad en otro lugar. Los comportamientos compulsivos que se repiten con el tiempo crean un sentimiento inconsciente de seguridad y familiaridad. De tal modo, es muy probable que, si de repente te encuentras repitiendo ciertas acciones diarias de una manera obsesiva compulsiva, tanto porque tu mente trata de crear una situación de estabilidad para contrastar la inestabilidad y la incertidumbre causadas por manipulador de turno.

- ***No hay compromiso***

Frases que te hacen sentir especial, pero que contrastan con sus acciones. Si le digo a una persona que es especial y luego estoy con esa persona, soy consistente. Si le digo a alguien que es especial pero no puedo/quiero estar con él/ella, soy inconsistente. Si dejo a una persona y luego le digo que siempre seguirá siendo una persona especial porque el período que pasé con ella ha sido maravilloso y no hay otra persona en el mundo a su nivel. Soy súper inconsistente y potencialmente un completo idiota.

- Si realmente le importa... él está contigo.
- Si realmente no le importa... no está contigo.
- Si te manipula... te dice que le importa, pero no se compromete.

Muchas personas se obsesionan con los manipuladores, convencidos de que pueden cambiarlos y/o de que son las personas adecuadas, pero la realidad es que incluso si lograran conquistarlos, se encontrarían viviendo una existencia muy triste. De hecho, una verdad indisoluble es que los manipuladores rara vez cambian y vivir una relación con uno de ellos es equivalente a tener una vida que consiste solo en una lucha interminable.

Capítulo 9:
Huir de las redes de la manipulación

Es difícil salir de un período de manipulación psicológica, porque las técnicas principales se basan precisamente en formas de distorsión de la realidad, aniquilación de la identidad y la autoestima de la persona, así como en forma de adicción. Para esto, es necesario un largo viaje de reconstrucción y conciencia del propio ser y lo que ha sucedido.

Como en cualquier proceso psicológico, el primer paso para mejorar y comenzar a recuperarse es la aceptación de lo que ha sucedido. Para salir de ello, trabajaremos en otros procesos, como el reconocimiento de estrategias de manipulación, la reconstrucción emocional y el respeto por uno mismo. Seguir una terapia puede ser una ayuda para poder elaborar y superar este momento.

Signos de violencia psicológica

Signos para reconocer la violencia emocional y psicológica. En algunos casos:

Humillación, negación, crítica

Estas tácticas agresivas están destinadas a socavar su autoestima y se manifiestan principalmente en el nivel verbal.

- **Usa apodos:** usa palabras ofensivas como *"estúpido"*, *"perdedor"* o *"mediocre"*.
- **Generalizaciones:** usa la palabra "siempre", ejemplo. *"Siempre llegas tarde, eres incapaz, eres desordenado, desagradable, etc."*
- **Grito:** gritar y maldecir están destinados a intimidarte y hacerte sentir pequeño e irrelevante. Los gritos también pueden ir acompañados de golpes a cosas o arrojar objetos.
- **Te ridiculiza:** usa frases diseñadas para hacerte sentir incapaz, ejemplo, *"Sé que lo intentas, pero esto está más allá de tu comprensión"*.
- **Te avergüenza en público:** expone tus secretos o se burla de tus defectos en público.
- **Usa el sarcasmo:** cuando te quejas o sufres, él responde que está bromeando y te dice que dejes de tomar todo tan en serio.
- **Insulta tu apariencia:** puede insultar tu apariencia física, tu forma de vestir, hablar, caminar, etc.
- **Disminuye tus intereses y éxitos:** podría decirte que tus pasatiempos e intereses son solo una pérdida de tiempo infantil. Lo mismo ocurre con todos los resultados que ha logrado en la vida.
- **Afecta tus debilidades:** aquellos que usan la violencia psicológica, una vez que son conscientes de lo que te molesta, tienden a repetirlo constantemente.

Control y vergüenza

Intentar avergonzarse de sus deficiencias es solo otra forma de tener más poder.

- **Te amenaza:** te dice que, si no haces lo que quiere, tendrás malas consecuencias.
- **Te mantiene bajo control:** quiere saber todo lo que haces y dónde estás en todo momento. Esto también se aplica a sus actividades financieras y en línea.
- **Te da órdenes directas:** *"¡Tráeme la cena ahora!"*.
- **Tiene arrebatos de ira:** si no haces lo que te dice, su reacción es ira explosiva.
- **Te trata como a un niño:** te dice qué ponerte, qué y cuánto comer, cuándo salir o con qué personas pasar el rato.
- **Usa a otros para que se sienta incómodo:** además de la humillación pública, quienes usan la violencia psicológica pueden decirle frases como: *"todos piensan que estás equivocado"* para hacerte sentir culpable o manipularte.

Acusar, culpar, negar

Este comportamiento deriva de las inseguridades de aquellos que son violentos y tienden a crear una jerarquía en la que están arriba y tú estás abajo.

- **Muestra celos excesivos:** acusarte de coquetear o traicionar incluso cuando no hay motivos.
- **Negar a pesar de todo:** aquellos que hacen violencia psicológica tienden a negar incluso cuando sabes de lo que estás hablando. Este mecanismo se llama *gaslighting* (a menudo surge en personalidades narcisistas) y se usa con el propósito de hacerle cuestionar su memoria y cordura.

- **Te hace sentir culpable:** todo lo que está mal depende de ti y de lo que hagas.
- **Te acusa de violencia:** sí, en algunos casos, quienes lo hacen se defienden acusándote de tener problemas de ira y falta de control y de convertirte en una víctima indefensa.
- **Te culpa por sus problemas:** lo que sea que esté mal en su vida es culpa tuya. Nunca puedes hacer lo suficiente.

Abandono emocional, maltrato y aislamiento

Aquellos que hacen violencia tienden a poner sus necesidades emocionales antes que las tuyas, esto puede llevarlos a distanciarte de aquellos que se preocupan por ti para hacerte aún más dependiente de ellos.

- **Te impide socializar:** cuando quiere salir o ver a otras personas, se disculpa o le ruega que no vaya.
- **Se interpone entre usted y su familia:** dígales a los miembros de la familia que no quiere verlos, excusándose o buscando formas de evitarlos.
- **Tiende a aislarte o evitarte:** si no respondes a sus expectativas, te aísla o te evita activamente, ignorando tus intentos de comunicación.
- **Trate de hacer que otros se pongan en su contra:** pueden decirles a sus amigos y familiares que usted es inestable y que tiene problemas solo para enfrentarlos.
- **Te muestra indiferencia:** incluso cuando te ve llorar y sufrir no te apoya, sino que te dice que pares y a menudo

te ataca. Además, denigra, maltrata y no da valor a lo que sientes.

Cómo defenderte de la manipulación

- *Ten en cuenta los métodos de emulación*

Recuerda las técnicas de reflejo y las formas de ganarse la confianza de las personas descritas anteriormente. Si practicas notar estos patrones de comportamiento en otras personas, gradualmente podrás vigilar tu espalda no solo de manipuladores reales sino también de personas falsas y malas.

- *Escúchate a ti mismo*

Tu cuerpo siempre envía señales. El intestino es nuestro segundo cerebro, las células nerviosas que se encuentran allí lo hacen particularmente sensible a las diferentes situaciones y emociones que experimentamos. Entonces, si sientes que algo está mal, no liquides tu emoción fingiendo que nunca existió. Presta atención y verás que realmente tiene algo que decirte. Si se te sientes manipulado o la persona frente a ti no parece clara, aléjate de inmediato. Entonces pensarás en analizar la situación.

- *Sé más consciente de tus pensamientos y mecanismos mentales*

¿Sabes que puedes aprender a ver tus pensamientos por lo que son y no tomarlos como pura realidad para creer ciegamente? La mejor manera de "entrenarse" para poder observarlos es mediante la meditación. Inicia así:

1. Por la mañana, tan pronto como te despiertes, en lugar de catapultarte de la cama o dormirte un poco más, tómate 5 minutos.
2. Siéntate en una posición cómoda, incluso en una silla está bien.
3. Establece un temporizador para que no te arriesgues a consultar el tiempo todo el tiempo para saber cuánto ha pasado.
4. Comienza a concentrarte en tu respiración. Siente el aire frío que entra por las fosas nasales y el aire caliente que sale.
5. Cada vez que surge un pensamiento, míralo surgir y luego desaparecer de tu mente, como una nube en el cielo.
6. Al final de los 5 minutos, tómate el tiempo para volver a su vida habitual, levántate con calma, mueve lentamente los extremos del cuerpo y disfruta de la sensación de haber vuelto a conectarte contigo mismo.

Así descubrirás cómo 10 minutos por la mañana pueden mejorar su día. Gradualmente, gracias a este ejercicio, te darás cuenta cada vez más de que tus pensamientos tienden a ser siempre los mismos y de que tienes mecanismos que te dirigen de un lado a otro. Conociéndote mejor, comprenderás cómo se siente no solo mientras meditas sino también en muchas otras circunstancias de la vida, frente a diferentes personas. Los tiempos de meditación serán tu aptitud para la vida.

- *Aprende a ver las cosas desde otra perspectiva*

Ya sea que te encuentres inmerso en una situación de manipulación en ese momento, o que lo revivas en tus recuerdos posteriores, trata de imaginar que alguien más vendrá a ver la escena. Un extraño aparece de repente y observa lo que está sucediendo. ¿Qué podría ver él? Es casi seguro que notará más detalles en los que no habías pensado y que te darán información útil sobre cómo te estabas comportando en ese momento para manipularte y sobre cómo se estaba comportando tu interlocutor.

- *Acepta tus errores*

No eres perfecto, como todos los demás humanos. Si te manipulan, no te condenes. Es lo peor que puede hacer y podría llevarlo directamente a una nueva manipulación. En cambio, no te juzgues negativamente, acepta lo que sucedió y trata de aprender de ello. La manipulación, especialmente en forma leve, es un fenómeno en el que cada uno de nosotros puede tropezar en la vida o, sin darse cuenta, puede usarse contra otra persona. Entonces, si esto sucede, levántate y continúa con la cabeza bien alta. No es grave y, sobre todo, puede suceder.

Intentar comunicarte con un manipulador

No hay duda de que cada uno de nosotros es único y diferente de los demás, pero cuando se trata de vivir relaciones sociales saludables a nivel emocional, es necesario aprender a distinguir a las personas que hacen daño de forma gratuita. Estas personas pueden ser de muchos tipos. De tal modo, es sumamente impórtate aprender a comunicarse con una persona manipuladora, es decir, una persona que puede hacerte sentir culpable, mentirte o manipularte para construir una relación contigo.

- *Manejar con palabras*

La forma de actuar de una persona manipuladora puede llevarlo a hacer lo que quiera, convirtiéndolo en víctimas de su vida, incapaz de sentirse libre. A veces, tales relaciones duran años, pero se pueden evitar con estos simples consejos e instrucciones de seguridad desarrollados por el experto en estrategia de comunicación, Preston Ni.

- *No olvides tus derechos inalienables*

Tienes derecho a:

- Ser respetado por los demás.
- Expresar tus emociones, opiniones y deseos.
- Establecer tus prioridades.
- Decir "No" sin sentirse culpable.
- Recibir lo que pagaste.
- Expresar tu punto de vista, incluso si es diferente al de los demás.
- Protegerte de amenazas físicas, morales y emocionales.
- Construir tu vida en base a tu concepto de felicidad.

Siempre ten en cuenta tus límites de espacio personal, porque un manipulador no respeta sus derechos y continuamente rompe sus límites. No olvides que eres responsable de tu vida.

- *Mantén tu distancia*

Cuando te comunicas con una persona manipuladora, este último siempre pretenderá cambiar su máscara, mostrándose primero muy amable y luego grosero y agresivo. También puede adoptar una actitud de víctima y ser inseguro. Si notas que una persona con la que pasas el rato tiene una personalidad que refleja los extremos, es mejor que te mantengas alejado y que seas cauteloso cuando necesites hablar con ellos.

La personalidad de las personas manipuladoras probablemente se origina en su infancia. No es tu problema, no tienes que encontrar una solución o enseñarles a corregir su comportamiento, esa no es la manera de hacerlo. Haz preguntas para ver si esta persona tiene un mínimo de autocrítica y/o vergüenza, características que una persona manipuladora normalmente no tiene:

- o *¿Crees que lo que me preguntas es correcto?*
- o *¿Te portarías bien conmigo?*
- o *¿Puedo dar mi opinión sobre esto?*
- o *¿Me preguntas o me lo dices?*
- o *¿Qué obtengo a cambio?*
- o *¿De verdad crees que yo...?*

- **No corras**

Una característica importante de las personas manipuladoras es que inmediatamente lo llevan a responder y reaccionar ante una situación dada. En tan poco tiempo de reacción, estas personas logran manipularte más fácilmente. Cuando te sientas presionado, respira profundamente y no te apresures a tomar una decisión. Decir "Lo pensaré" le permite mantener el control de la situación, además de ser respetado al establecer límites frente a la persona con la que se está comunicando.

- **Aprende a decir "No"**

Ser capaz de decir que no, te permite establecer límites y respetarte a ti mismo y, en consecuencia, también permite que los que te rodean lo hagan. Un "No" decidido en el momento adecuado le permitirá mantener una buena relación con su interlocutor. Recuerda que tienes el derecho y mereces elegir tu camino hacia la felicidad.

- *Comparte las posibles consecuencias*

Ante una situación en la que se siente atacado verbal y emocionalmente, informe al manipulador cuáles pueden ser las consecuencias de sus acciones. La capacidad de predecir y exponer de manera convincente los posibles resultados es uno de los métodos más efectivos para comunicarse con una persona manipuladora. De esta manera, la obligarás a cambiar su actitud hacia ti exponiendo su plan y eliminando así todo su poder.

- *Defiéndete de mentiras y ofensas*

A veces, un manipulador intenta asustar a su víctima y causarle sufrimiento mediante engaño u ofensa. En estos casos debes tener en cuenta que el manipulador se aferra a lo que él cree que es una debilidad en ti. Nada más, si muestra una actitud pasiva y juega el juego, continuará aprovechándose de usted. Cuando, por otro lado, lo enfrentas y te defiendes, el manipulador, que es cobarde por naturaleza, se retirará.

Hay muchas investigaciones y estudios que muestran que las personas manipuladoras han sido abusadas durante la infancia o la adolescencia. Esto no justifica sus acciones, pero es importante tener esto en cuenta cuando tenga que responder o reaccionar a sus acciones de manera constructiva y saludable.

Cómo defenderte de la mentira y el engaño

Las víctimas favoritas de este tipo de personas son las personas con un carácter suave, de buena naturaleza, sinceras y quizás un poco ingenuas. A menudo son personas que, para complacer a otros, han aprendido a negar sus ideas. Son personas dóciles, piensan que su forma de sentir no es importante o que, en cualquier caso, es menos importante que la de los demás.

Si te encuentras en esta categoría y estás lidiando con un mentiroso, probablemente pienses que es difícil salir de tu rol como víctima. Y en parte, esto es cierto. Sin embargo, no es imposible. Para protegerse, es necesario comprender que el condicionamiento mental que siempre has seguido; como la sensación de ser menos importante que otros, por ejemplo, son, precisamente, ideas que has desarrollado en función de tus experiencias, tu situación familiar y sensibilidad. No es una verdad absoluta. Cuanto antes entiendas esto; solo o con la ayuda de alguien, más pronto aprenderás que:

- *La salvación depende solo de ti*

  No esperes que alguien venga y te saque de la situación en la que terminaste. Eres la única persona que puede actuar y cambiar las cosas. Eres tú quien puede poner fin a la relación (de amor, amistad u otra) que tienes con esta persona mentirosa.

- *Tienes derecho a una vida sana y pacífica*

  Incluso si siempre has pensado en tener que conformarte y que la vida feliz era prerrogativa de los demás, ten en cuenta que este no es el caso. Tienes derecho a disfrutar de la vida, a sentirse tranquilo y a elegir personas sinceras para compartir tu tiempo. Sin mentirosos, puedes estar más relajado y vivir relaciones sin aprensión, pero sin duda del afecto de quienes lo rodean. Tener relaciones saludables es un aspecto fundamental de una vida equilibrada y satisfactoria.

- ***Recupera tu dignidad***

Si permaneces a merced de un mentiroso, si cierras los ojos por enésima vez frente a la última mentira obvia, su confianza en sí mismo se verá afectada gradualmente. Someterse a la falsedad de otra persona, quizás debido a una vida tranquila, es un poco como ser un cómplice. Pero, en el fondo, dentro de ti mismo, eres consciente de que no estás de acuerdo y de que eres muy diferente de esa persona. Recupera tu dignidad, reconsidera todas sus habilidades, incluida la honestidad y actúa. No necesitas un mentiroso patológico en tu vida.

Si quieres ser aún más consciente de las partes hermosas de ti mismo, escríbelas en una hoja de papel: el cerebro otorga más importancia y recuerda mejor lo que escribimos en lugar de lo que simplemente decimos. Cada vez que te sientas abrumado o en problemas, vuelve a leer tu lista. Eres la persona hermosa que se describe allí.

Una última recomendación: si tiene una relación con una persona mentirosa patológica y no puede salir de ella, no tenga miedo de pedir ayuda. Es por tu bien y no hay nada de qué avergonzarse.

La técnica de niebla

Si no es posible distanciarse del manipulador de una vez, es posible implementar una táctica de contra manipulación que se define como "técnica de niebla".

La técnica de niebla consiste en utilizar una comunicación aleatoria, vaga y casi inexacta, para no involucrarse en absoluto en el intercambio verbal con el manipulador. El objetivo es confundir al manipulador que ya no obtiene su alimento (su ganancia comienza con la sensación de poder que siente en cada discusión, cada vez que desencadena sentimientos de ira o desesperación en ti) se verá obligado a renunciar o alejarse.

La técnica de contra manipulación tiene como objetivo crear distancia en el vínculo de la relación sin enviar señales demasiado directas. La táctica de niebla se enfoca en la comunicación superficial donde la víctima se protege a sí misma respondiendo cada pregunta de manera desencantada, como si fuera indiferente a los contenidos expresados por el manipulador que, en consecuencia, ya no se sentirá importante y perderá la sensación de poder que en general es alimentado por la víctima.

Por lo tanto, la contra manipulación emocional puede describirse como una comunicación unidireccional en la que el manipulador envía mensajes, provocaciones, críticas, acusaciones y la víctima responde sin agresión y vehemencia, resbalando cualquier intento de manipulación, cualquier acusación o palabra. De esta manera, el interlocutor (la víctima) no recibirá los golpes, sino que colocará una resistencia pasiva capaz de provocar una extracción espontánea del manipulador.

Muy a menudo, las víctimas de la manipulación emocional tienden a comenzar a luchar con el manipulador, pero eso está fuera de lo correcto. Los enfrentamientos, los desafíos, las competiciones, los golpes y las respuestas son dinámicas que alimentan el deseo del manipulador. Si una lucha de brazos instiga, la técnica de niebla se desactiva sutil e inteligentemente.

La técnica de niebla es más fácil de describir que de implementar. En el diálogo con el manipulador (cuando esto desempeña el papel de una madre o un ex esposo con quien se comparten hijos) hay una fuerte carga emocional. El interlocutor tendrá que aprender a pesar bien cada palabra y a dosificar la información dada.

La comunicación con el manipulador, cuando la otra parte no controla ni se da cuenta, no es más que un camino laberíntico donde el manipulador siembra confusión e incertidumbre. Aquí, la tarea de la víctima es revertir este escenario y hacerlo de puntillas, sin ser atrapado con las manos en la bolsa.

Para implementar la técnica de niebla con éxito es recomendable:

- Proporcione al manipulador la menor información posible sobre su vida mediante el uso de una comunicación vaga. Aquí hay un ejemplo práctico:
  Manipulador: *"¿Cómo fue en la entrevista?"*.
  Víctima: *"No sé, no quiero decir nada... no quiero ser supersticioso"*.
- Mitiga tus reacciones. Los manipuladores son famosos por sazonar historias o inventar hechos de la nada. Si le da noticias sensacionales, mitigue sus reacciones a este respecto y siempre verifique los hechos sin comenzar. Aquí hay un ejemplo práctico:
  Manipulador: *"¿Sabes que Sara tiene un amante?"*.
  Víctima: *"Qué extraño, no lo hubiera imaginado"*.
- No te emociones demasiado si comienza a halagarte o hace manifestaciones repentinas de amor, el bombardeo de amor es una técnica de manipulación emocional muy

efectiva y muy peligrosa. Los halagos, los cumplidos y las actitudes que te hacen sentir importante solo pueden significar que el manipulador quiere apretarte más.

- Comprueba tus emociones y presta atención al tono de voz que usas, así como a la apariencia o al mimetismo.
- Minimice sus acusaciones sin ofenderse. Esto es difícil de hacer. Si el manipulador te acusa de ser infiel, superficial, estúpido, finge sorprenderte por su reacción y minimiza tu comportamiento crítico truncando el tema pronto.
- Si estás acorralado, lo mejor es que adoptes un "no contacto" saludable y protector. Ningún contacto crea distancias de una manera menos indiscreta, pero le permite recrear y reorganizar su vida en función de lo que es realmente importante para su bienestar.
- Si te hace una pregunta vaga, confúndete y pídele al manipulador que aclare lo que quiere decir.

Si desea estar al día con un manipulador emocional, además de la técnica de niebla, hay otra cosa que puede hacer, la cual es trabajar en su autoestima y su núcleo operativo interno. En la práctica, reconozca su valor y trabaje para identificar cuáles son sus objetivos y necesidades.

Aquellos que se convierten en presas de un manipulador emocional, en general, necesitan recibir la aprobación de los demás para sus elecciones, o encontrarse a tientas sin dar espacio y voz a quienes son sus necesidades reales. A menudo las víctimas de los manipuladores son personas que no tienen mucha confianza en sí mismas y siempre se adaptan a las condiciones impuestas por el otro sin respetar o validar sus necesidades, de hecho, están esperando que alguien llegue milagrosamente a reconocerlos y tal vez satisfacerlos.

Desafortunadamente, si no miras bajo tus mangas, nadie vendrá a satisfacer tus necesidades y a sanar tus heridas más profundas. Al participar en la técnica de la contra manipulación emocional, recuerda siempre que amarte a ti mismo, es un pilar fundamental para moverse funcionalmente entre una relación y otra y dentro de la vida misma.

Cómo dejar a un psicópata

Dejar a un psicópata: ¿cómo hacerlo? Si nuestra relación nos deja perplejos, no nos sentimos satisfechos y hay algo que no nos convence, es posible que tengamos que lidiar con un psicópata. Pero, ¿Cómo podemos reconocerlo? Hay algunas formas de entender realmente quién es nuestro compañero. Y, si descubrimos que eso no era lo que pensábamos, así es cómo dejar a un psicópata. Si nuestra relación como pareja no es lo que esperábamos, si durante mucho tiempo ya no estamos felices de pasar tiempo con este y no nos sentimos satisfechos, es posible que tengamos que lidiar con un psicópata.

Es necesario recordar que, en este libro, no se hace referencia a individuos "psicópatas" en el sentido psiquiátrico del término. Sin expresar un diagnóstico en un sentido clínico, los individuos examinados son aquellos que revelan un comportamiento fuertemente antisocial y que presentan actitudes manipuladoras como envenenar la vida y la salud de los demás. Cada psicópata tiene características extrañas que lo distinguen de la gente común.

¿Dejar o quedarse?

Por lo general, los psicópatas no quieren quedarse atrás. El abandono para ellos es una herida en el orgullo que no pueden soportar. Además, la pareja, para un psicópata, es "propiedad privada" que puede disponer a voluntad, aparte, cuando un psicópata se da cuenta de que se está quedando solo, se vuelve loco y puede volverse agresivo verbalmente o incluso físicamente.

¿Cómo podemos defendernos de tales amenazas?

Hay una manera y es hacer que el psicópata entienda que podría quedarse solo. El psicópata está convencido de que ha diseñado su plan muy bien y de que la violencia que quiere infligirle (verbal o de otro tipo) quedará impune. Pero si permanece firme y valiente, le hará comprender que tiene los medios para defenderse y, posiblemente, para una posible denuncia, el psicópata dará un paso atrás. De hecho, finalmente puedes comenzar a sentir respeto por ti, y tal vez incluso miedo.

Incluso si dejar un psicópata puede parecer una tarea ardua, recuerde que, si se rodea de personas negativas y amenazantes, tarde o temprano se verá influenciado. Su autoestima se ve cada vez más afectada. Después de un tiempo, puedes encontrarte triste, decepcionado y cada vez más asustado. Incluso si temes que tu miedo sea leído en tu cara, recuerda que puedes estar lleno de miedo, pero ser capaz de dominarlo. El miedo es un sentimiento humano que todas las personas pueden experimentar. Si lo acepta y no lo rechaza, ya no se extenderá por toda su vida y podrá gestionarlo.

Entonces, con toda tu autenticidad, actúa, toma la situación en tus manos y libérate de una vez por todas del psicópata siguiendo estos consejos:

- **Descuídate**

Hazte poco atractivo, se desinteresado en la vida, ya no lidies con las actividades que solías hacer con placer y diariamente. Puede usar frases como: "No sé lo que me está pasando", "Ya no me interesa nada", "No estoy bien". De esta manera, comenzará a parecerle una persona de poco valor, que no puede cuidar o de sí mismo o de los demás. Y el psicópata, que ciertamente no es altruista, comenzará a pensar que no es tan malo dejarte ir.

- *Ignora sus necesidades*

No te preocupes por él o ella como solías hacerlo. El psicópata quiere ser el centro de atención y, cuando se da cuenta de que ya no estás y que la pareja no lo mima como en el pasado, comenzará a pensar en una nueva víctima para engañar y sentirse halagado otra vez.

- *Sigue su idea*

Comienza a decir frases como: "Tienes razón, soy una persona aburrida, merecías algo mejor". Poco a poco el psicópata se convencerá de que es cierto, que después de todo no eres nada especial y, cuando te vayas, él, incluso frente a amigos y conocidos, podrá echarte la culpa a ti y a tu falta de habilidades, por el hecho de que las cosas no han salido bien.

- *No mostrarte sumiso*

Cuando comuniques tus decisiones, no seas humilde. Una actitud disponible para aclarar una situación es ciertamente deseable en contextos normales. Preguntar si algo está mal, si se puede hacer algo para resolver el problema son frases útiles cuando se trata de resolver una disputa. Pero un psicópata los tomaría como actos de debilidad. Podía usarlos para sentirse aún más importante y dominante, para su víctima no habría escapatoria.

- *No discutas con la misma agresión*

Del mismo modo, no use la agresión como lo hace su interlocutor. De esta manera te arriesgas a hacer tu juego. Se podría desencadenar un círculo vicioso en el que nos persigamos mutuamente para realizar acciones cada vez peores entre nosotros y donde el que es peor gana. En tal situación, con el psicópata, no podrías marcarlo. Y, desde cierto punto de vista, mejor así.

- *Usa lenguaje corporal*

Para enfrentarte a un psicópata, muéstrate a su altura. El lenguaje corporal es muy importante y transmite información clara. Además, ahora está científicamente comprobado que practicar para mantener una postura erguida, con el pecho y los brazos extendidos y mostrando seguridad, ayuda a internalizar esa sensación. Gradualmente, es decir, actuar como si fuera una persona muy segura hará que lo sea. Puedes hacer ejercicios en casa, con o sin espejo al frente. Si los haces todos los días, esa sensación de seguridad se convertirá en parte de ti.

- *Tómalo desprevenido*

El campo de las emociones es el que pone al psicópata más en dificultad. No los conoce, no sabe cómo manejarlos, está acostumbrado a usar una máscara con la que demuestra que siempre tiene la situación bajo control. Si le preguntas frases como: "¿Pasó algo? ¿Te ves nervioso?" o "¿Te ves asustado, estás bien?", tu pareja seguramente se sentirá incómoda. No quiere mostrar debilidad o parecer vulnerable, y todo lo que lo hace sentir expuesto lo aterroriza.

- ***Golpéalo con sus propias armas***

La ironía es siempre una excelente manera de salir de situaciones, incluso las más complejas. El psicópata ama los cumplidos y se rinde ante los halagos que hacen triunfar su ego. Entonces, ¿por qué no usar un cumplido para engañarlo? No se dará cuenta, tomado como debe sentirse admirado y alabado. Podrías recurrir a él de esta manera: "Una persona como tú, de una cultura tan amplia, no puede rebajarse y reaccionar de esta manera". O de nuevo: "Con tu talento serías un político perfecto, ¿cómo es que no has intentado ese camino? Yo, con tu habilidad, te veo hablando y dirigiendo grandes multitudes, en lugar de una persona como yo". De esta manera, usando la adulación, lo confundirás y desviarás su atención hacia otras costas.

- ***Evitar ataques***

Siempre hay una opción. Si alguien te critica o te reprocha, no se dice que debes someterte a sus manipulaciones. Puede alejarse de la situación y el papel de la víctima de una manera elegante y desplazar a los que están frente de ti. Si eres atacado porque no has hecho o dicho nada de la manera que el psicópata esperaba, evita el ataque y dirige tu atención hacia él. Admitamos que tu pareja te reprocha, por enésima vez, que no hayas cocinado lo suficientemente bien, podrías responder diciendo: "Debiste haber tenido un día pesado hoy, dada tu reacción, ¿quieres decirme qué te pasó?" Esta solicitud de autenticidad inesperada mezclada con amabilidad dejará al psicópata sin palabras.

- ***Di la verdad***

Finalmente, el mejor consejo; decir la verdad. Después de haber disfrutado un poco para desenmascarar al impostor, eliminarlo y golpearlo con sus propias técnicas, puede intentar, con las formas necesarias, decir la verdad. Una frase como: "Haré lo que me pidas, pero ciertamente no querría estar en tu lugar" o "Has hecho infelices a muchas personas, no es algo de lo que puedas estar orgulloso". se centran en lo que el psicópata tiene más en el corazón: él mismo. Si le muestras con palabras que te gustaría cualquier cosa más que ser como él o encontrarte en su situación, es como si dijeras: "No te admiro en absoluto, no vales lo que quieres que crea". Incluso si realmente lo sigues y te sientes manipulado, tal afirmación de libertad interior le mostrará que se está burlando de sí mismo.

- *Mantenga un diario de progreso*

Al tratar con un psicópata y querer dejarlo, puede ser útil llevar un diario en el que registrar el progreso que se está haciendo en esa dirección. La simple operación de escribir lo que sucede, te motivará a no desanimarte cuando tus acciones o palabras no tengan el efecto deseado de inmediato. Al principio, de hecho, podría haber momentos de éxito y otros de fracaso. Pero no te desmoralices. Usa los consejos anteriores y continúa tu camino. Probablemente tendrá que reafirmar sus posiciones varias veces, pero al final se habrá librado del psicópata y, por supuesto, habrá ganado.

- *Despedida psicópata*

Si adopta estas estrategias, podrá abandonar el psicópata. Lo alejarás gradualmente de ti y te será más fácil decir adiós por completo. De hecho, si comienzas a comportarte de esta manera y ya no eres su víctima favorita, ¡podría cambiar de aires mucho antes de lo que esperas!

Recupérate de una relación dañina

Lo hiciste, te deshiciste de él, dejaste al psicópata. Pero ahora te sientes un poco frágil, vulnerable y te preguntas por qué te sucedió esto, haber conocido a esa persona, decidir pasar el rato con él, establecer una relación. Si se hace esas preguntas y se hace preguntas, esto es lo que debes hacer:

Primero, no te juzgues a ti mismo como "equivocado". A todos les puede pasar conocer a un psicópata y no darse cuenta de a quién se enfrenta. Luego, en segundo lugar, acepta las enseñanzas del psicópata. Puede que no te parezca posible, pero desde cualquier situación y relación, siempre hay algo que aprender. Incluso en una situación tan compleja, con esa persona, en realidad, tienes mucho que aprender:

- *Puedes parar*

Has soportado los excesos y rarezas de esta persona hasta que llegas al agotamiento mental y emocional. La próxima vez, cuando estés en una relación sentimental, toma descansos, momentos contigo mismo en los que te preguntes si la relación que vives realmente te satisface y te hace sentir bien. Y escucha.

- *Puedes salir del rol de víctima*

Nadie puede hacerte sentir de cierta manera si no los dejas. Pregúntate acerca de las creencias limitantes que te relegan al papel de víctima. ¿Cómo podrías cambiarlas?

- ***Debes respetar primero***

No puede pedir respeto si no es el primero en dárselo. Sé el primero en recibir y apreciar tu singularidad con fortalezas y debilidades. Trátate bien y, en consecuencia, los demás también lo harán.

- ***Debes aprender a manejar mejor los asaltos personales***

No te sientas impotente ante un ataque. Tienes todas las habilidades para defenderte. Lo que estás enfrentando es una persona como tú. Puedes esquivar sus ofensas o defenderte. Está en tus posibilidades. Es solo una cuestión de práctica.

- ***Tienes un amplio margen de mejora con respecto a la autoafirmación***

Puedes ser mucho más fuerte que eso y la primera forma de hacerlo es no estar rodeado de personas que te debilitan, sino, por el contrario, de amigos que te respetan y te apoyan. Corta ramas secas y rodéate de personas que te hagan sentir bien. Toda tu vida mejorará al instante.

Por ultimo recuerda, si la incomodidad que sientes es fuerte, acude a un experto de confianza para que te ayude. No hay nada de qué avergonzarse al cuidarse. De hecho, cuando se necesita, es un deber hacerlo.

Consejos para volver a vivir

Si se encuentra en alguna de las situaciones descritas anteriormente o siente alguna molestia en una relación, los siguientes consejos prácticos pueden ayudarlo a recuperar gradualmente su vida.

- ***Permítete cometer errores y ser auténtico***

¿Eres perfeccionista? ¿Nunca es suficiente para ti lo que haces y estás en una relación con alguien que te hace sentir inadecuado? En el momento en que te reconoces en esta condición, cada vez que notas que surge el perfeccionismo y te gustaría preguntar a los demás qué piensan de ti y de tu trabajo, trata de detenerte. De esta manera no alimentarás ese círculo negativo de pensamientos que se suceden y que te hacen sentir mal. Como siempre, es cuestión de ejercicio. Si se 'entrena' para no seguir la voz interior que quiere ser apreciada por los demás, poco a poco, esto tendrá cada vez menos poder sobre usted.

- ***Cultiva lo que te gusta***

Si te viste en una situación de aislamiento, sepa que es absolutamente posible, en realidad, volver a sentir emociones positivas y sentirse conectado con otras personas. Tienes que comenzar con las pequeñas cosas. Elige una actividad que siempre te haya gustado. ¿Tal vez siempre te ha gustado dibujar? ¿O cantar, bailar o escribir? Comienza a practicar esta actividad solo en tu tiempo libre. Luego, cuando te sientas un poco más seguro, inscríbete en un curso en tu zona. Conocerás a nuevas personas que comparten el mismo interés con tu y que pueden involucrarte en actividades grupales. La única recomendación es no obligarte a hacer cosas que consideras que son demasiado difíciles para ti en este momento y si te parece que es demasiado pronto para tratar con ellas, espera. Tómate el tiempo que necesites y no te culpes ni te juzgues mal. Cuanto menos te juzgues, más rápido llegarás a la solución del problema.

- ***Hazte amigo tuyo***

Lo primero que debes hacer para experimentar cada vez menos enojo y, poco a poco, hacer que desaparezca por completo es; no juzgarte a ti mismo. Es un sentimiento humano. Existe exactamente como otras emociones y tiene la misma dignidad que todos los demás sentimientos. La segunda cosa es: perdónate a ti mismo. Si continuamos enfocándonos en lo negativo, lo perpetuaremos dándole fuerza. Por lo tanto, dejemos de pensar en el mal de aquellos que nos oprimen y, en cambio, comencemos a sentir un sentimiento puro y fuerte de compasión hacia nosotros mismos. Hemos sufrido un abuso psicológico, llevamos heridas y merecemos que nos amemos.

- ***Ponte en contacto con tus seres queridos***

Para salir de esta situación de violencia que te hace sufrir, elije algunas personas que sean cercanas y en quienes confías (incluso una o dos están bien). Puede, por ejemplo, hablar con los miembros de su familia confiándoles sus sentimientos y malestar. Te darás cuenta de que, si has elegido a la persona adecuada a la que recurrir, te ayudará a sentirte menos solo y te dará su apoyo. De esta manera, paso a paso, intentarás abrir un poco más a los demás porque comenzarás a confiar más.

- ***Haz actividad física regularmente***

Si a menudo sientes miedo y ansiedad, recuerda que el primer medicamento contra los trastornos del estado de ánimo es la actividad física. El movimiento, especialmente si se prolonga más de media hora, ayuda a relajarse y producir endorfinas que estimulan los centros de placer. Además, si entrenas constantemente y logras pequeños resultados (has corrido más tiempo que ayer, más rápido, has hecho deporte todos los días, etc.), tu autoestima aumentará y te sentirás más satisfecho contigo mismo.

Y finalmente recuerda esto:

Si has sido capaz de soportar tantas injusticias y maldades por parte de esta persona, quizás no sea tan débil como crees. Se necesita fuerza y coraje para pasar tanto tiempo en una situación así. Y lo probaste. Ahora puedes usar la misma determinación para hacer algo mucho más constructivo por ti mismo.

Conclusión

El principal beneficio de esta información le permitirá lograr encontrar una salida a tantas emociones negativas que padece por rodearse de personas toxicas, que perjudican la salud mental de los individuos. El hombre está en continua relación con su medio. Sí esta interacción es positiva, es decir, productiva, satisfactoria e integradora, el resultado será un individuo adaptado y saludable en el entorno que se desarrolle, en caso contrario será inadaptado y generara un trastorno narcisista de la personalidad, manipulador, sociópata y psicópata.

Es de conocimiento general que también se producen transformaciones psicológicas en el ser humano, la persona humana es única e irrepetible, y no se puede penetrar en ella mediante leyes generales, sino solo con estudio individualizado. Al mismo tiempo, la psicología es la ciencia de la conducta y el comportamiento de los seres humanos. En fin, la conducta prevalece en las actitudes, acciones, reacciones de un organismo, directamente observable de los individuos.

Si tú eres una persona adaptada poseerás mayor seguridad en ti mismo, conocerás tus propios sentimientos, actitudes e intereses, es decir, te conocerás a ti mismo de una manera completa. Se ha tratado no solo de disponer los mecanismos que forman y construyen la conducta y el comportamiento humano. Detectar a tiempo la manipulación se evitaría tantos maltratos físicos y psicológicos, vejaciones, violaciones a los derechos humanos entre otros. Empezar hacer proactivo en tu vida te permitirá tratar a los manipuladores y a los individuos que posean rasgos peligrosos en su personalidad, y esto es lo que te ayudará a ser más fuerte ante las situaciones y adversidades que se te presenten.

Por consiguiente y bajo esta perspectiva estos elementos que se emplean te servirán para que te orienten de forma estructurada y progresiva, puesto que también estos permanecerán a la experiencia o vivencia de cada persona, a su idiosincrasia, ya que, tienen que ver con su personalidad, motivaciones, actitudes e interés, esto con la finalidad de conseguir un aprendizaje verdaderamente significativo. El individuo que se victimiza no es una persona normal, es más bien un ser cercado en sus poderes y disminuido en sus capacidades. Una de las virtudes que tiene el ser humano es dar gracias por los inconvenientes, problemas y las personas no gratas, es una parte esencial tratar con obstáculos para el entrenamiento para conseguir la paz interna que todos poseemos.

El ser humano cuando afronta a un enemigo, o un grupo de personas que desea hacerle daño esta es una gran oportunidad de practicar la tolerancia y la paciencia, en la vida es difícil discernir quien te causa daño; si los enemigos mal intencionados o los amigos más bien intencionados. Si bien es cierto, los seres humanos libres pueden aplicar su propia inteligencia para poder entenderse así mismo al mundo al que los rodea. Pero, si se impide su potencial creativo se le estaría privando uno de los rasgos fundamentales del ser humano. Esto nos conlleva, a una tarea de conocer nuestro propio rostro la independencia de un espíritu libre de maldad y engaños. Esto quiere decir, que las personas no son buenas porque la hayan adquirido a través del fracaso y la sabiduría. Por lo contrario, una mente equivocada puede causar más daño que un rival a una persona vengativa. Esto se sustenta en la personalidad de cada individuo le demarcan estos pensamientos a menudo se pueden reflejar en el lenguaje, y de igual modo, este mismo va configurando su propio lenguaje a través de su aprendizaje reflejando su inteligencia en cualquier tipo de obra, personal, científica o artística, se va formando a partir de un pensamiento inicial que termina de desarrollarse al complementarse con otros.

Este es su forma de preservación, pero a la vez es uno de sus métodos de transformación para lograr sus propios objetivos para así comprender sus propias necesidades y comportamientos para no ser el punto débil y víctimas de las personas malintencionadas como por ejemplo los manipuladores, los narcisistas, todos tenemos al nuestro alrededor personas que nos sacan de quicio y aquellos que tienen una mente oscura. Lo más importante es que te conectes a tus pensamientos, manifiéstate positivamente, no permitas que nada ni nadie te confundan y te manipulen a sus conveniencias, nadie tiene la potestad de influir sobre tu personalidad, sentimientos, necesidades y en todo aquello que de una u otra manera tenga que ver con tu entorno de vida. Donde, se señala en la destreza que pueda desarrollar el ser humano para adoptar y enaltecer en las diferentes etapas de la vida el sí y el no.

Es por eso que te invito a reflexionar y actuar con decisión ante la vida para que tengas un crecimiento humano y espiritualmente. En efecto y así mismo la historia del hombre ha manifestado no poder organizar por si solo una humanidad donde ella no sea capaz de reinar la felicidad, la justicia, la equidad, la igualdad y la paz. No obstante, el egoísmo y la maldad del ser humano ha destruido tenazmente lo que se profesaba haber fundado con el fin que durara para siempre. En este libro como hemos apreciado y leído en sus diferentes capítulos se quiere con ello significar la conducta en las diferentes mentes del individuo. Del mismo modo hay que hacer notar que el desorden que se manifiesta en el cuerpo de modo emocional como la frustración, el dolor, la rabia, la sobre exigencia, el agobio, la culpa y el miedo en un individuo que algunas veces, se ve de una manera imposible encontrarles solución a estos conflictos. Desde la comprensión y si se quiere lograr una evolución que permita emocionalmente alcanzar una práctica liberadora lo más sano que se puede hacer es cambiar el odio por amor. Como seres humanos, comprender los orígenes y las características de estos comportamientos, es una forma de también comprender nuestra propia existencia. En otras palabras, está arrojando luz sobre la comprensión básica de cómo evolucionamos y formamos hábitos y costumbres a lo largo del tiempo, desde tiempos primitivos, aprendiendo a diferenciar el instinto del deseo u objetivo. Al hablar sobre el comportamiento humano, es posible que haya notado que a veces nos referimos al autoconocimiento. Y la razón es simple: para entender el todo, el otro, primero debemos mirarnos a nosotros mismos.

De igual forma, evolucionar como persona o profesional depende de reconocer los puntos a corregir y las virtudes a explorar. La mente es una herramienta poderosa e increíble, por esta razón es necesario saber cómo usar este gran poder que se deriva de ella. Dentro de este orden de ideas el no saber cómo manejar este gran potencial podría, de hecho, correr el riesgo de sufrir problemas. De allí la parte inconsciente de la mente es automática y puede recopilar información y estímulos de una manera completamente automática, como cuando hablas con una persona y percibes que no puedes confiar en él. Acostúmbrate a escuchar tu inconsciente e instinto. Por eso la mente racional o analítica con el tiempo pierde la capacidad de evaluar ciertos modelos y relaciones, en cambio la mente subconsciente, una vez que ha aprendido un modelo o relación, la mantiene para siempre, por esta razón es importante aprender a escuchar esa voz que en ciertas situaciones nos parece usted habla, ese es el subconsciente, él tiene la situación en mente, husmea el peligro y de un mensaje a través de la famosa vocecita. Cabe considerar que el enfoque analítico y racional de las elecciones es importante, pero también puede ser peligroso, de hecho, ciertos elementos no pueden evaluarse racionalmente. Al final, la elección también se hace con razonamiento, pero habiendo escuchado la voz del inconsciente.

Gracias a la mente racional puede procesar algunos elementos a la vez, mientras que el inconsciente puede procesar grandes cantidades de información en unos momentos, con el razonamiento, uno analiza una información y luego otra, de manera secuencial, mientras que el inconsciente ve el todo como un todo, en cambio el subconsciente funciona mediante las emociones, las emociones son el lenguaje del subconsciente, por lo tanto, es bueno alimentarlo con pensamientos y palabras positivas y fortalecedoras para programarlo de modo que actúe de manera favorable, en modo automático, de hecho, preside actividades fisiológicas automáticas como los latidos del corazón y la respiración para un buen funcionamiento de la mente.

En efecto, esta característica o automaticidad, lo hace muy efectivo cuando se trata de tomar decisiones y hacer evaluaciones en muy poco tiempo, lo que la mente crítica no podría hacer. Solo piense en las situaciones peligrosas, la mente crítica perdería un tiempo precioso para evaluar racionalmente una cierta cantidad de datos, el subconsciente en su lugar activa mecanismos rápidos de respuesta automática, como huir, reaccionar, entre otros. Esta premisa fue necesaria para hacerle comprender cómo funciona la mente, su potencial y también sus posibles debilidades, así pues, para finalizar es importante entender cómo llegamos hasta aquí, se sugiere que todas estas enseñanzas sean implementadas en su cotidianidad en pocas palabras para que tengan mayores probabilidades de éxito en su vida.

www.ingramcontent.com/pod-product-compliance
Lightning Source LLC
Chambersburg PA
CBHW071731080526
44588CB00013B/1980